国家出版基金项目
NATIONAL PUBLICATION FOUNDATION

汉画总录

16
南阳

本卷主编　凌皆兵　朱青生

GUANGXI NORMAL UNIVERSITY PRESS
广西师范大学出版社
·桂林·

本研究由 2012 年度国家社科基金重大项目"中国汉代图像数据库与《汉画总录》编撰研究"资助

本专项研究得到吴作人国际美术基金会的赞助

HANHUA ZONGLU

项目统筹　汤文辉　李　琳
责任编辑　余慧敏　陈美玲　周　英
装帧设计　李若静　陆润彪　刘　凛　汪　娟
责任技编　李春林

图书在版编目（CIP）数据

汉画总录. 16，南阳 / 凌皆兵，朱青生主编. —桂林：广西师范大学出版社，2013.11
　ISBN 978-7-5495-4895-8

Ⅰ．①汉…　Ⅱ．①凌…②朱…　Ⅲ．①画像砖－史料－研究－中国－汉代②画像砖－史料－研究－南阳市－汉代
Ⅳ．①K879.444

　中国版本图书馆 CIP 数据核字（2013）第 304734 号

广西师范大学出版社出版发行

（广西桂林市中华路 22 号　邮政编码：541001
网址：http://www.bbtpress.com ）

出版人：何林夏
全国新华书店经销
桂林广大印务有限责任公司印刷
（广西桂林市临桂县金山路 168 号　邮政编码：541100）
开本：787 mm ×1 092 mm　1/16
印张：19.5　　字数：150 千字
2013 年 11 月第 1 版　　2013 年 11 月第 1 次印刷
定价：480.00 元

如发现印装质量问题，影响阅读，请与印刷厂联系调换。

序

文字记载，图画象形。人性之深奥、文化之丰富俱在文献形相之中；史实之印证、问题之追索无非依靠文字图形。[1] 汉画乃有汉一代形相与图画资料之总称。

汉代之前，有各种物质文化遗迹与形相资料传世。但是同时代文献相对缺乏，虽可精观细察，恢复格局，重组现象，拾取位置、结构和图像信息，然而毕竟在紧要处，但凭推测，难于确证。汉代之后，也有各种物质文化遗迹与形相资料传世，但是汉代之前的问题不先行获得解释，后代的讨论前提和基础就愈加含糊。尤其渊源不清，则学难究竟。汉代的文献传世较前代为多，近年汉代出土文献日增，虽不足以巨细问题尽然解决，但是与汉代之前相比，判若文献"可征"与"不可征"之别。所以，汉画作为中国形相资料的特殊阶段，据此观察可印之陈述，格局能佐之学理，现象会证之说明；位置靠史实印证，结构倚疏解诠释。因图像信息与文字信息的双重存在，将使汉画成为建立中国图像志，用形相学的方法透入历史、文化和人性的一个独特门类。此汉画作为中国文化研究关键理由之一。

两汉之世事人情、典章制度可以用文字表达者俱可在经史子集、竹帛简牍中钩沉索隐，而信仰气度、日常生活不能和不被文字记述者，当在形相资料中考察。形者，形体图像；相者，结构现象。事隔二千年形成古今感受之间的千仞高墙，得汉画其门似可以入。而中国文明的基业，多始于汉代对前代的总结、集成而制定规范；即使所谓表率万世之儒术，亦为汉儒所解释而使之然。诸子学说亦由汉时学人抄传选择，隐显之功过多在汉人。而道德文章、制度文化之有形迹可以直接回溯者，更是在汉代确立主旨，千秋传承，大同小异，直至中国现代化来临。往日的学术以文字文献为主，自从进入图像传播时代，摄影、电视造成了人类看待事物的新方法，养成了直接面对图像的解读能力。于是反观历史，对于形相资料的重视与日俱增。因此，由于汉代奠定汉族为主体的文明而重视汉代，由于读图观相的时代到来而重视图画，此汉画之为中国文化研究关

---

[1] 对于古史，有所谓四重证据法：传世文献+出土文献+出土文物+依地形、位置和建筑建构遗存复原的文化环境设想。但任何史实，多少都有余绪流传至今，则可通过现今活态遗存，以今证古，这是西方人类学、文化地理学中使用的方法。例如，可从近日的墓葬石工技艺中考溯汉代制作；再如，今日非物质文化遗产中的祭祀庆典仪式，其中可能有此地同族举行同类型活动的延承，正所谓"礼失而求诸野"。所以，对于某些历史对象，可以采用"六重证据法"：传世文献+出土文献+出土文物+复原的文化环境设想+现今活态遗存+试验考古（即用当时的工具、材料、技术、观念重新试验完成一遍古代特定的任务）。对问题的追索无非依靠文字和形相两种性质的材料，故略称"文字图形"。

键理由之二。

"汉画"沿用习称。《汉画总录》关注的汉画包括画像石、画像砖、帛画、壁画、器物纹样和重要器物、雕刻、建筑（宗教世俗场所和陵墓）。所以，与《汉画总录》互为表里的国家图像数据库[2] 则称之为"汉代形像资料"，是为学术名称。

汉画研究根基在资料整理。图像资料的整理要达到"齐全"方能成为汉画学的基础。所谓齐全，并非奢望汉代遗迹能够完整留存至今，而是将现存遗址残迹，首先确定编号，梳理集中，配上索引，让任何一位学者或观众，有心则可由之而通览汉代的形相资料总体，了解究竟有多少汉代图形存世。能齐观整体概况，则为齐也。如果进一步追索文化、历史和人性的问题，则可利用这个系统，有条理、有次序地进入浩瀚的形相数据，横征纵析，采用计算机详细精密的记录手段和索引技术，获取现有的全部图像材料。与我们陆续提供给学界的"汉代古文献全文数据库"和"中文、西文、日文研究文献数据库"互为参究，就能协助任何课题，在一个整体学科层面上开展，减少重复，杜绝抄袭，推动研究，解决问题。能把握学科动态则为全也。《汉画总录》是与国家图像数据库相辅相成的一个长期文化工程，是依赖全体汉画学者努力方能成就的共同事业。一事功成，全体受益。如果《汉画总录》及其索引系统建成完整、细致、方便的资料系统，汉画学的推进，可望会有飞跃。对其他学科亦不无帮助。

汉画编目和《汉画总录》的编辑是繁琐而细致的工作。其平常在枯燥艰苦的境况中日以继夜。此事几无利益，少有名声，唯一可以告慰的是我们用耐心的劳动，正抹去时间的风尘，使中国文明之光的一段承载——汉画，进入现代学术的学理系统中，信息充溢，条理清楚，惠及学界。况且汉画虽是古代文化资料，毕竟养成和包蕴汉唐雄风；而将雄风之遗在当今呈现，是对中国文明的贡献，也是为人类不同文明之间更为深刻的互相理解和世界在现代化中的发展提示参照。

人生有一事如此可为，夫复何求？

编 者

2006 年 7 月 25 日

---

[2] 2005年文化部将《中国汉代图像信息综合调查与数据库》项目纳入"国家数据库专项"系统。

编辑体例

《汉画总录》包括编号、图片、图片说明、图像数据、文献目录、索引六部分内容。

1. 编号

为了研究和整理的需要，将现有传世汉画材料统一编号。编号工作归属于一个国家项目协调（《中国汉代图像信息综合调查与数据库》为国家艺术科学"十五"规划项目）。方法是以省、区编号（如陕西 SSX，山西 SX）加市、县或地区编号（如米脂 MZ）再加序列号（三位），同一汉画组合中的部件在序列号之后加横杠，再加序列号（两位）。比如米脂党家沟左门柱，标示为 SSX-MZ-005-01（说明：陕西—米脂—党家沟画像石墓—左门柱）。编号最终只有技术性排序，即首先根据"地点"的拼音缩写的字母排列顺序，在同一地点的根据工作序列号的顺序排序。

地点是以出土地为第一选择，不在原地但仍然有确切信息断定其出土地的，归到出土地编号，并在图片说明中标示其收藏地和版权所有者。如果只能断定其出土地大区（省、区），则在小区（市、县、地区）部分用"××"表示。比如美国密西根大学博物馆藏的出自山东某地，标示为 SD-××-001。如果完全不能断定其出土地点，则以收藏地点缩写编号。

编号完成之后，索引、通检和引证将大为方便。论及某一个形象或画面，只要标注某编号，不仅简明统一，而且可以在《汉画总录》和与此相表里的国家图像数据库（文化部将《中国汉代图像信息综合调查与数据库》项目纳入"国家数据库专项"系统）中根据检索方法立即找到其照片、拓片、线图、相关图像和墓葬的全部信息，以及关于这个对象尽可能全面的全部研究成果，甚至将来还可以检索到古文献和出土文献的相关信息，以及同一类型图像或近似图像的公布、保存和研究情况。

2. 图片

记录汉代画像石、画像砖的图片采取拓片、照片和线图相比照的方式处理。[1]传统著录汉画的方式是拓片，拓片的特点是原尺寸拓印。同时，拓片制作时存在对图像的取舍和捶拓手工轻重粗精之别，而成为独立于原石的艺术品。拓片不能完整记录墓葬中画像砖石的相互衔接和位置关系，以及墓葬内的建筑信息，无法记录画像石上的墨线和色彩，对于非平面的、凸凹起伏的浮雕类画

---

[1] 由于在《汉画总录》的编辑方针中，将线描用于对图像的解释和补充，线描制作者的观点和认识会有助于读者理解，但也形成了一定的误导和局限，因此在无必要时，将逐步减少线描的数量，而把这个工作留待读者在研究时自行完成。

像砖石，也不能有效地记录其立体造型。不同拓片制作者以及每次制得的拓片都会有差异。使用拓片一个有意无意的后果是拓片代替原石成为研究的起点，影响了对画像石的感受和认知。拓片便利了研究的同时也限制了研究。只是有些画像砖石原件已失，仅存拓片，或者原石残损严重，记录画像砖石的拓片则为一种必要的方法。

照片对画像砖石的记录可以反映原件的质地和刻划方法、浮雕的凸凹起伏，能够记录砖石上的墨线和色彩，是高质量的图像记录中不可缺失的环节。线图可以着重、清晰地描绘物像的造型和轮廓，同时作为一种阐释的方法，可以展示考察、记录研究者对图像的辨识和推证。采取线图、照片、拓片相结合的途径记录画像砖石，可相互取长补短，较为完备。

帛画、壁画和器物纹样一般采用照片和线图。

其他立体图像采用照片、三维计算机图形、平面图和各种推测性的复原图及局部线图。组合图与其他图表的使用，多部组合关系明确的情况，一般会给出组合图加以标明，用线描图呈现。如多部组合而关系不明确的情况下则或缺存疑。其他测绘图、剖面图、平面图以及相关列表等均根据需要，随着录列出，视为一种图解性质的"说明"。[2]

3. 图片说明

图片说明分为两个部分。其一是关于图片的基本信息，归入"4. 图像数据"中说明；其二是对于图像内容的描述。描述古代图像时，基于古今处在不同的观念体系中的这一个基本前提，采取不同方式判定图像。

3.1 尝试还原到当时的概念中给予解释[3]，在此方向下通常有两种途径。

3.1.1 检索古代文献中与图像对应的记载或描述，做出判定。但现存的问题，一是并非所有图像都能在文献中找到相应的记载或解释，即缺乏完备性；二是这种"对应"关系是人为赋予的，

---

[2] 根据编辑需要，在材料和技术允许的情况下，会给出部分组合关系图。由于编辑过程受到各种条件的限制，尽其努力也无法解决全卷缺少部分原石图、拓片、线图的情况，或者极个别原石尺寸不齐的情况，目前保持阙如，待今后在补遗卷中争取弥补。

[3] 任何方式中我们都不可能完全脱离今人的认识结构这一立足点，不可能清除解释过程中"我"的存在，难以避免以今人的观念结构去驾驭古代的概念。完全回到当时当地观念中去只是设想。解释策略决定了解释结果。在第一种方式中，我们的目的不是把自己置换到古人的处境中去体验，而是去认识古人所用概念及其间结构关系。

文献与图像并不存在必然的联系，且不同研究者可能做出不同的判断 [4]；三是现存文献只是当时多种版本的一种，民间工匠制作画像石所依据的口述或文字版本未必与经过梳理的传世文献（多为正史、官方记录和知识分子的叙述）相符。

3.1.2 依据出土壁画上的题记、画像砖石上的榜题、器物上的铭文等出土文字材料，对相应图像做出判定，这种方式切近实况，能反映当时当地的用语，但是能找到对应题记的图像只占图像总体的一小部分。

3.2 在缺失文献的情况下，重构一种图像描述的方式——尽量类型化并具有明晰的公认性。如大量出现的独角兽，在尚不确定称其为"兕"还是"獬豸"时，便暂描述为独角兽，尽管现存汉代文献中可能无"独角兽"一词。同时，图像描述采取结构性方式，即先不做局部意义指定，而是在形状—形象—图画—幅面—建筑结构—地下地上关系—墓葬与生宅的关系—存世遗迹和佚失部分（黑箱）之间的关系等关系结构中，判定图像的性质或意义。尽管没有文字信息，图像在画面和墓葬中的位置和形相关系提供了考察其意义和"功能"的线索。

在实际图片说明中，上述两种方式往往并用。对图像的描述是在意识到这些问题的情况下展开的，部分指谓和用语延承了以往的研究，部分使用了新词，但都不代表对图像涵义的最终判定，而只是一种描述。

4. 图像数据

图片的基本信息（诸如编号、尺寸、质地、时代、出土地、收藏地等）实际上是图像数据库的一个简明提示。收入的汉画相关信息通过数据库的方式著录，其中包括画像石编号、拓片号、原石照片编号、原石尺寸 [5]、画面尺寸、画面简述、时代、出土时间、征集时间、出土地 [6]、收藏地、原收藏号、原石状况（现状）、所属墓葬编号 [7]、组合关系、著录文献等项。文字、质地、色彩、制

---

[4] 关于此前题材判定和分类的方法和问题，参见盛磊：《四川汉代画像题材类型问题研究》，北京大学艺术学系99级硕士毕业论文。

[5] 画面尺寸的单位均为厘米，书中不再标识。

[6] 出土与征集的区分以是否经过科学发掘为界，凡经正式发掘（无论考古报告发表与否）均记为出土，凡非正式发掘（即使有明确出土地点和位置）均记为征集。

[7] 所属墓葬因发掘批次和年代各异，故记为发掘时间加当时墓葬编号，如1981M3表示党家沟1981年发掘的第三号墓葬。

作者、订件人、所在位置、相关器物、鉴定意见、发现人中有可著录者，均在备注项中列出。画像石墓表包括墓葬所在地、时代、墓葬所处地理环境、封土情况、发现和清理发掘时间、墓向、墓葬形制、随葬器物、棺椁尸骨、画像石装置，发现人、发掘主持人也在备注项中注出。建立数据库的目的和价值在于对数据库中的所有记录进行检索、比较、统计、分析，以期达到研究的完备性和规范性。[8]

5. 文献目录

文献目录列出一个区域（指对汉画集中地区的归纳，如陕北、南阳、徐州、四川等，多根据汉画研究的分区，而非严格的行政区划）有关汉画内容的古文献、研究论著和论文索引，并附内容提要。在每件汉画著录中列专项注出其相关研究文献。

6. 索引

按主题词和关键词建立索引项，待全部工作结束之后，做成总索引。因为《汉画总录》的分卷编辑虽然是按现在保管地区为单位齐头并进，但各种图像材料基本按出土地点各归其所，所以地名部分不出分卷索引，只在总索引中另行编排。

朱青生

北京大学汉画研究所

2006 年 7 月 31 日

---

[8] 对于存在大量样本和繁杂信息的研究对象，数据库的应用是有效的。在考古类型学中，传统的制表耗费时力，且不便记忆和阅读，细碎的分类常有割裂有机整体之弊。《汉画总录》的设想是：（1）无论已有公论还是存疑的图像，一律不沿用旧有的命名及在此基础上的分类，而按一致的规范和方法记录。（2）扩大图像信息的范畴，全面记录相关要素，包括出土状况（发掘/清理/收集）、发现人、出土时间、出土地点及其所属古代区划、画像材质、尺寸、所属墓葬形制、画像位置、随葬器物及其位置、画像保存状况、铭文、已有断代、画像资料出处、相关图片、相关研究、收藏地等。图像则记录单位图像的位置及其间的组合情况。（3）利用数据库，按不同线索和层次对图像信息进行查询、检索，根据统计结果做出判断。

目 录

前　言

《汉画总录》南阳卷是汉画整体著录最重要的组成部分，也是建立中国图像志的关键工作步骤。编辑南阳卷的工作从《汉画总录》25 年规划项目的起初就已列入工作方案。1996 年在北京大学开设的"美术作品分析——汉代图相研究综述"讨论班上，就开始了对南阳汉画研究状况的全面整理。[1] 在汉文古文献全文数据库 [2] 基础上，建立了研究文献数据库，对于每种文献的主题词（根据学科分类设定以便索引）、关键词（根据文献内容揭示以利归类、分析和稽查）和内容提要（提示文献的方法、结论和对其学术贡献的评价），这些数据库保持开放，免费提供学界使用，随时增补纠正，是为此次编辑《汉画总录》的文献基础。2000 年在中国汉画学会年会后，南阳汉画研究专家闪修山先生开始指导南阳卷的编辑调查工作。2006 年北京大学汉画研究所和南阳汉画馆签订了《合作意向书》，首先进行了国家数据库项目"中国汉代图像信息综合调查与数据库"的南阳部分，在南阳汉画馆韩玉祥、凌皆兵两任馆长和徐颖等诸位同人的主导下顺利完成。2012 年国家社科基金重大项目"中国汉代图像数据库与《汉画总录》编撰研究"完成立项并获得国家文物局特别批准，南阳汉画整体著录工作在凌皆兵馆长和王清建、牛天伟等先生的领导下，由南阳汉画馆与北京大学汉画研究所共同完成。参与者工作分工和责任作了划定。《汉画总录》南阳卷的基础数据（原石尺寸、出土地点、保存状况、原始记录和拓片资料等）均由南阳方提供，画面描述由双方共同完成，墓葬位置图、著录文献由北大方完成。

此次著录的范围仅限于南阳汉画馆所藏南阳及其诸县出土和征集的画像石，不包括同地区出土和征集的画像砖、器物纹样等其他汉代图像材料。画像石也有三种情况未能收入。其一，此次工作时段无法进行著录的画像石。如部分墓葬已经原址封存或回填保护，需要等待二次发掘（如南阳市中原技校汉画像石墓和邓县长冢店汉画像石墓）；目前工作空间和条件过于艰难，无法获取准确数据（如汉郁平大尹墓）。其二，不藏在南阳汉画馆，而调用到上级博物馆（如在河南省博物院的收藏），依然保存在出土地区的文物保管单位（如在方城、唐河、新野等地方博物馆的收藏），其他研究单位的收藏（如南阳师范学院的收藏）以及保存在个人收藏中的画像石。其三，流失于外

---

[1] 详见北京大学艺术学院朱青生教案《02教案 汉代形相研究综述1996》，其中将汉画分区与形相分类思路结合起来，形成对应课题。

[2] 此数据库由海德堡大学瓦格纳（Rudolf G. Wagner）设立课题并资助，由北京大学古文献研究所孙钦善和朱青生率团队设计、操作完成（1995—1997）。

地和国外的南阳画像石，即在南阳调查范围内没有记录，或者在南阳画像石的发现和收集工作中原来有记录，但目前已经无法对证、核实和确认的画像石。此次著录将这三个部分的原始记录尽量放在"附记"中，计划放置在《汉画总录》补遗卷中，与南阳地区的画像砖及其他材质、器物上的图像与纹样一并陆续著录、编辑。

著录方法按《汉画总录》的编辑方案，旧法与新法相结合。

所谓旧法，就是采用拓片、线描和照片进行图像著录，然后再对每一件画像石的图像进行文字描述和记录，并且附以文献和索引各项，详见《编辑体例》。

拓片是传统的著录汉画的方法，历史悠久，也是目前汉画研究所采用的图像资料的主要方法。在这一点上，《汉画总录》决定依旧采用拓片作为记录的方法。但是我们深刻地意识到，拓片是一次复制和印刷的过程。画像石本身是一个浮雕，雕塑经拓印再度展开为平面的"画"已经无法反映其三维造型的全部特征，况且画像石上原来还有颜色（我们认为所有的画像石最初都会着色，这个问题还有待进一步论证）。所以，经过捶拓之后，画像石的面貌发生了根本性的转变，其形象凸出部分和彩色部分变成了黑色，背景和低凹的部分变成了白色，这样一种类似碑帖一样的黑白互相颠倒的拓片形成了"风格"，引发一种对汉画的独特理解，也形成了其"画像"（图画）名称的来源。但是，拓片图像与汉代墓葬中原始图像状况形成了较大的差异，这个差异甚至会导致人们对于汉代艺术的认识，从其精细、丰富、柔和的状态而误导为"苍茫""博大""厚重"的审美印象。这种"主动误取"应该发生在以拓片为主导记录汉画之后，很多人了解和评价汉画，其实并不是根据原石现存的情况，更不是根据复原的汉代墓葬的原始情况，而是根据由拓片形成的印象作出的判断。这个情况在历史上可以与西方希腊雕刻的遭遇相类。希腊雕刻原来全部是彩色的，由于年代久远，所有的颜色脱落之后，恢复了大理石的白色（青铜及其他质料的雕像色彩也已脱落），以至于后代人认为希腊艺术的美感就在于其白色的"圣洁"与"纯粹"，曾被德国学者温克尔曼（Johann Joachim Winckelmann，1717—1768）推崇为"高贵的单纯，静穆的伟大"（edle Einfalt und stille Größe），对希腊艺术的"主动误取"彻底影响了西方古典主义的审美判断和正统的艺术标准。

同时，在这个过程中，捶拓人员主观的认定，使得同一块画像石呈现为有差异的拓片图像。这种拓片图像的差异性，既反映了拓者对图像的辨别和认识，也反映了拓工的技术与审美能力对于手法的选择而造成的某种艺术效果，而这种艺术效果又是至少由宋代以来所形成的对拓片的欣赏和评价传统长期浸染和影响的结果。一方面，拓片由此而变成了一件艺术品，但是另一方面，它又在作为对原始图像的记录方向上带有了主观判断的因素，因此我们认为拓片在汉画研究中不应该再作为主要的图像依据，而应该作为补充依据。特别是由于石质的风化和残损，某些画像石已经无法辨析出细微的线条和痕迹，依靠拓片来清晰地揭示和表达图像内容，在某种意义上还是今天编辑《汉画总录》所必须采用的手段。因此我们在这次画像石的捶拓过程中，坚持所有的石头全部捶拓，并将每块石头的所有面和部件全部包含，而不作图像的选取和剪裁，以此与同件画像石的照片和其他记录方式并列呈现。南阳汉画馆的同人承担了全部的捶拓任务，他们是长期保管和维护画像石的专家，也继承了南阳地区捶拓画像石的特殊风格和技巧，感谢他们在长期艰苦细致的工作中保证了南阳卷的拓片质量。因为上述对拓片特性的认识，我们在著录过程中也对捶拓过程中出现的情况和发生的问题作了清晰的提示。

线描在不具备捶拓技术和不能使用捶拓技术的传统方法中，是著录图像的唯一主导的办法，所以过去的考古学家都要进行素描和绘画训练，其实这种绘画训练主要就是使用"线描"记录图像。但是随着机械摄制时代的来临，现代各种新技术、新观念已经取代了过去使用线描来记录图像的功能。当此之际，线描发生了功能性转换，即从"记录的方法"上升为"分析性办法"，也就是说，今天的任何一位研究图像和器物的专家，掌握线描的能力并不是为了"描绘对象"，而是为了"描述对象"。描述对象是辨别、分析和表述对象的过程，是一种面对图像或者图画进行理性认识的活动。有时是对其进行研究的结果，这种结果不再以文字来比况，而是再度以清晰的方式——"图"来表述认识。所以在《汉画总录》的著录和编辑中，陕北卷全部使用了线描，但是由于著录者无法亲自逐件进行分析和制作，因此这种线描的分析和研究的质量不可能达到"辨别、分析和表述对象的过程"的要求，而"描述对象"的质量尚未达到理想程度的线描，不仅不能增加对图像理解的程度，还可能会误导对图像本身的理解，况且即使是著录者单方面（或个人）的理解，也没有理由优先于用图像作为基本数据的研究者，因此在南阳卷编辑中决定取消每块石头的线描，而增加线描的示意图，也就是说，这时的线描只用简单的边框以表述画面的结构，并且附上编号，以简化文字描述的复杂性，使得画面的位置和结构能够更为清晰地著录。这次对线描使用方法的改变，进一步保障了《汉画总录》的著录尽最大可能将原始数据加以呈现的学术目标。

照相是《汉画总录》所使用的主要方法，毋庸赘言。《汉画总录》照相有两个需要提及的特点：其一，所有的拓片图是在捶拓过程中拓片在原石上未揭下之前拍摄的，这样在拓片的真实性上有了绝对的保证，如果出现问题，也是原件的鉴别问题，拓片与原件是一致的；再者，拓片图保持了浮雕上三维贴切的准确效果，同时又体现了拓片可以清晰呈现画面、文字、细节等技术优势。其二，根据编辑委员会主任周其凤先生的建议，增加了与原石等大的局部图照片。用这个方法可以供使用图像者对原石的大小和质感有一个直观的认识，举一反三。

所谓新法，就是三维扫描和图像的复原、拼合与重组。

三维扫描是近年发展出来的新技术。1995年《汉画总录》项目建立之初，当时可以使用的世界上最先进的技术是定点拍照、建模拼合，而做到南阳卷的时候，三维扫描技术已经相当成熟。此次南阳卷编辑过程中，部分使用了三维扫描技术。在以后《汉画总录》的各卷编辑中，三维扫描技术将逐步成为必要的组成部分。在《汉画总录》南阳卷的编辑中，三维扫描技术只体现在结构图的辅助作用方面，这就预示着今后的出版和著录将会有进一步革命性的改变。

图像的复原、拼合与重组是在利用扫描、照相、计算机三维建模对著录对象进行记录之后，进一步进行复原、拼合与重组。所谓复原，就是将图像在历史遗传过程中已经损失的部分，利用数据库的全部资料和各种研究成果，对其进行虚拟性复原。这种复原除了要考虑遗存到今天的考古学证据，还要通过形相学将留下的一些痕迹（包括画像石已经被破坏或消失的部分）进行有根据的逐步虚拟复原，以"恢复"和接近研究对象的原始状态。考古学发现的证据理论上是残缺的，现代科学态度既不能对实在的经验证据随意增加主观的臆想和推断，也不能任由一个残缺的证据来论证复杂而整体的世界现象、社会生活和人类精神的历史状况，因此对于这种虚拟组合的精细而谨慎的恢复，是我们进行形相学探讨的重要任务之一。在《汉画总录》南阳卷的工作过程中，我们已经把这一点作为工作的重要指导思想，潜藏在著录理念之中推进和实验。所谓拼合，是指利用计算机建模技术，对已有图像的缺损部分进行拼合，对误置部分进行纠正（比如南阳麒麟岗的一个墓顶石的位置，在当时造墓的过程中就摆放错误，现在就可以在著录过程中加以标明）。所谓重组，则是对于汉画中所隐藏的更为复杂的问题的追索。这在"形相学"中被归纳为"相性"。也就是说，根据中国古代的思维和观念，很多意义并不是由实在的图像与物事所传达，而在于它们之间的关系，这种关系有时互相连接，有时相对、并列或交叉叠置，有时随着固定图像和可移动器物的变化而可产生意义的转移和深入而复杂的表达，甚至隐含着对于现代的中国传统和潜在的制度与心理起关键作用的信息。因此，利用图像的重组就可以将这种信息放到一个计算的程序系统中进行检验和推算，以揭示其深入的部分。

画面描述问题是南阳汉画著录的学术重点，如何描述画面实际上是语言和图像发生交集和冲突的焦点之所在，也是"图与词"这样一个在图像学转换（the pictorial turn—W. J. Thomas Mitchell）时代的前沿问题的触点。汉画是个相当典型的个案。纵观对汉画图像的描述的历史，无论是宋代的著录文献，还是当代的研究成果，用于图像描述的术语和专词都会带有不完备性和偶然性。究其原因，皆由于这些术语和专词并不是完全根据图像逻辑建立，也不是完全根据事物的逻辑建立：从词汇选取的角度来看，这些词汇既不是完全根据汉代遗留下来的名称建立，也不是完全根据考古物质材料遗留下来的形象材料建立。但是，这次编辑《汉画总录》南阳卷，在画面描述时所使用的术语和专词，全部来源于南阳研究文献，我们严格地使用这种方法，既是对知识的总结，对建造这个知识系统的他人的贡献示以敬意，也是对今天的知识系统的反省和批判。在福柯（Michel Foucault，1926—1984）开辟的精神领域中，通过不断追究知识的谱系是如何产生的，会发现知识的习惯和缺陷是从哪里来，进而我们才意识到我们所拥有的知识是不尽可靠的。在这种认识的基础上然后再来建立图与词的关系，为进一步推进建立名实关系创造严格论证的可能性。其实我们并不认为我们如此严格规范画面描述的术语和专词，就比别的方法（如直接根据直观、根据习俗或根据古代文献拾取术语和专词）做得更好，从而更能解释图与词之间的关系，正好相反，我们是要指出图与词的关系（以及名实关系）是做不好的，这种矛盾和无奈正是形相学所具有的浮动性。其中还包有"虮轮现象"[3] 和"疑斧现象"[4]。探究词与图的"错位和误导"是如何产生的，解释这样的错误是否出于自然和人性的必然，揭示具有错误才是图与词之间真实的关系，形

---

[3] 取自《列子·汤问》"纪昌学射"："昌以牦悬虮于牖，南面而望之。旬日之间，浸大也。三年之后，如车轮焉。以睹余物，皆丘山也。"指在图像与视觉研究中，观者的注意力会将对象部分强化，将局部细节扩展到覆盖整体的程度，使其意义和解释产生变化和差异，甚至会产生与整体意义完全相反的局部理解。

[4] 取自《列子·说符》"疑邻盗斧"："人有亡鈇者，意其邻之子，视其行步，窃鈇也；颜色，窃鈇也；言语，窃鈇也；动作态度，无为而不窃鈇也。俄而抇其谷而得其鈇，他日复见其邻人之子，动作态度无似窃鈇者。"指在图像与视觉研究中，观者会根据自我主观的意向和想象将对象进行无中生有的认定和解释，从而形成完全错误或者随意创造的认识。

相学因而成为对人类知识自我觉悟的推进，这才是汉画著录研究的理论意义之所在。这次南阳汉画的图像描述中使用的每一个术语和专词，都是经过全面、精细的检验之后作出的决定。而最后作出的决定并不是退回到我们所警惕的知识的霸权状态，而是要注意描述画面的术语和专词在产生和使用过程中晃动的可能性和产生讹误的创造意义，为形相学进一步的理论建设确立基础。所以术语和专词全部从南阳汉画的研究文献中录出，有一定的出处和根据。我们的做法清晰地标明此次著录所使用的术语与专词是有严格限制的，这种限制戒除随意、忽视和粗心，是出于经过精心考虑的抉择和在一定规定条件下的选择，并使其选择的结果可以返回到产生知识的渊源，可供验证。

从研究文献中提取得到画面简述所使用的术语与专词有以下三个要点：

1. 这些术语和专词的提取过程是通过阅读六百余篇南阳汉画研究文献后，提取出（几乎）所有的主题词和关键词，然后与之前已经出版的《汉画总录》陕北卷所使用的描述词汇相合并，进行删减，形成初步确定的术语与专词，再将所有术语和专词与南阳汉画馆所有的汉画图像逐一核对检验，最后确定一个《术语和专词表》，在整个编辑过程中严格遵守并不断修订和发展，每种修正先修订术语和专词，再付诸全稿通贯使用。

2. 画面描述完全是按照这些术语和专词来开展的（唯有少数例外），《术语和专词表》清晰地列出，一方面利于支撑整个南阳卷描述的完整和一致性，另一方面也因此形成了检索和查阅的索引项。

3. 此次画面描述所用的术语和专词主要来源，虽然仅限于南阳汉画研究文献和陕北卷曾经使用的词汇，不能反映全部汉画画面描述的整体状况，但是也基本反映了目前学界对南阳汉画的研究水平和真实状态，随着著录工作全面展开，理论上所有的汉画研究文献和所有的汉画图像将会被一一增幅检读，逐渐完成。

南阳卷卷后收录了南阳研究文献的目录，并附有一篇专题论文《南阳汉画画面描述所用的术语与专词》。

南阳汉画著录工作开始较早，在过去艰苦而简陋的条件下，虽有 40 多个完整墓葬的考古报告，但在最新著录工作和总录编辑中，只有 20 多个（最后利用比对、连缀增加了 10 余个）墓葬尚能恢复原始数据，因而存在很多出土地不清楚和局部构件难于拼合的情况，只能在陆续的整理和研究过程中不断解决这些问题，新的研究成果留待今后在学刊《中国汉画研究》中逐步补充发表。《汉画总录》南阳卷的著录方法虽然经过南阳汉画馆同人和北大汉画研究所的徐呈瑞、任楷、刘冠、徐志君、闵坤等以及北京林业大学艺术设计学院的伙伴团队的极大奉献和执行，但是，因为条件、时间有限，还没有将我们所有的著录方法完整实施。当然研究水平是一个逐步提高的过程，而作为一个25年的规划，在这个知识爆炸的四分之一世纪中，我们的著录工作也会与时俱进，《汉画总录》本身将会成为这个进程的发展印迹的"图像"。

朱青生

北京大学汉画研究所

2013 年 10 月 30 日

编号	HN-NY-034-01
时代	东汉
原收藏号	不详
出土/征集地	南阳市溧河乡十里铺汉墓
出土/征集时间	1982 年 4 月
原石尺寸	120×40×20
质地	石灰石
原石情况	原石为长方体，完整，画面漫漶。
组合关系	墓门门楣内侧
画面简述	云气纹。下部有犬逐兔。三边有框。
著录与文献	南阳地区文物工作队、南阳县文化馆：《河南南阳县十里铺画像石墓》，载《文物》1986 年第 4 期，54 页，图 10 第一幅。
收藏单位	南阳汉画馆

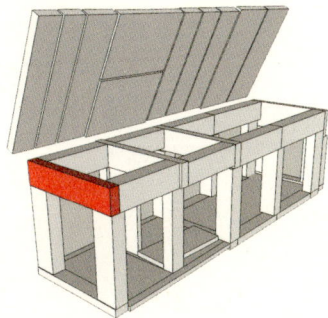

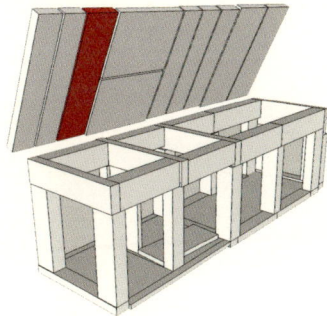

编号	HN-NY-034-02
时代	东汉
原收藏号	不详
出土/征集地	南阳市溧河乡十里铺汉墓
出土/征集时间	1982 年 4 月
原石尺寸	65×146×22
质地	石灰石
原石情况	原石为长方体，完整。
组合关系	前室盖顶石
画面简述	画面上方一金乌负日；下方一灵怪，人首龙身，有翼，双头连体而无尾。画面满布云气纹。两边有框。
著录与文献	南阳地区文物工作队、南阳县文化馆：《河南南阳县十里铺画像石墓》，载《文物》1986 年第 4 期，52 页，图 5 第二幅；闪修山、王儒林、李陈广编著《南阳汉画像石》，郑州：河南美术出版社，1989 年，164 页；韩玉祥、李陈广主编，南阳汉画馆编著《南阳汉代画像石墓》，郑州：河南美术出版社，1998 年，199 页，图二；王建中、赵成甫、魏仁华编《中国画像石全集 6 河南汉画像石》，郑州：河南美术出版社，济南：山东美术出版社，2000 年，160 页，一九六。
收藏单位	南阳汉画馆

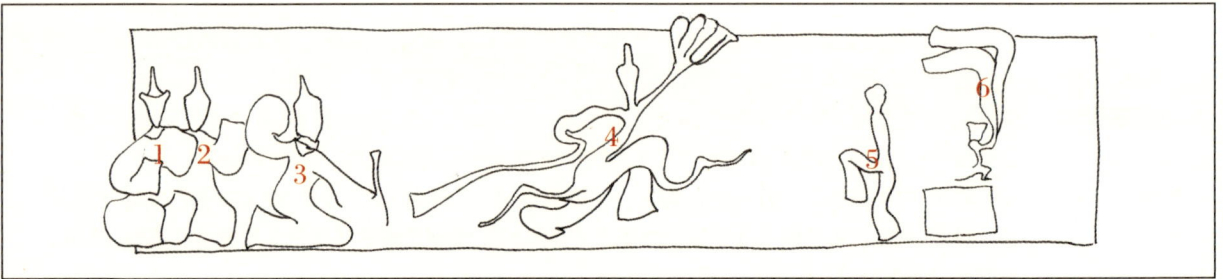

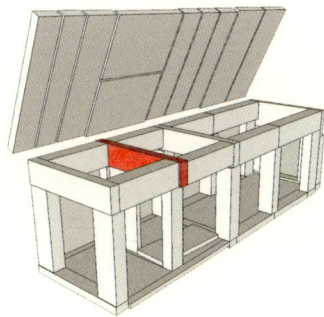

编号	HN-NY-034-03
时代	东汉
原收藏号	不详
出土/征集地	南阳市溧河乡十里铺汉墓
出土/征集时间	1982 年 4 月
原石尺寸	148×40×23
质地	石灰石
原石情况	原石为长方体，完整，石一侧凹陷，凹陷处有对称的门枢窝。
组合关系	中室门楣
画面简述	画面从左至右为：1、2. 乐伎，梳高髻，跽坐；3. 乐伎，梳高髻跽坐，似击鼓；4. 舞者，高髻，长袖舞；5. 一人物，面向舞者而立；6. 舞者，樽上倒立。四周有框，下沿为双边框。
著录与文献	南阳地区文物工作队、南阳县文化馆：《河南南阳县十里铺画像石墓》，载《文物》1986 年第 4 期，53 页，图 6 第三幅；韩玉祥、李陈广主编，南阳汉画馆编著《南阳汉代画像石墓》，郑州：河南美术出版社，1998 年，199 页，图三。
收藏单位	南阳汉画馆

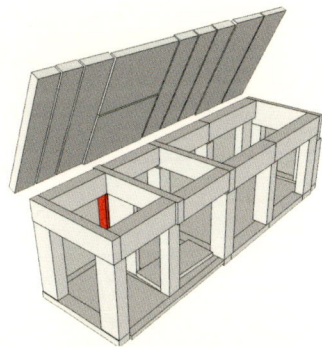

编号	HN-NY-034-04（3）
时代	东汉
原收藏号	不详
出土/征集地	南阳市溧河乡十里铺汉墓
出土/征集时间	1982 年 4 月
原石尺寸	32×136×32
质地	石灰石
原石情况	原石为长方体，完整。
组合关系	中室门北立柱东侧面
画面简述	一灵怪。凤（雉？）首龙身，圆目尖喙，四肢皆生羽翼，形似鸟足，回首反咬其身。四周有框。
著录与文献	南阳地区文物工作队、南阳县文化馆：《河南南阳县十里铺画像石墓》，载《文物》1986 年第 4 期，55 页，图 14 第十幅；韩玉祥、李陈广主编，南阳汉画馆编著《南阳汉代画像石墓》，郑州：河南美术出版社，1998 年，200 页，图九。
收藏单位	南阳汉画馆

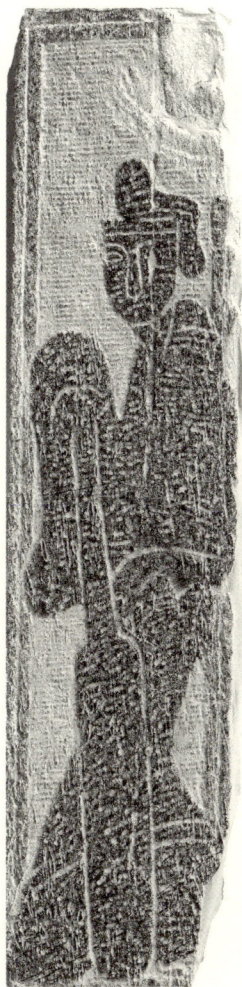

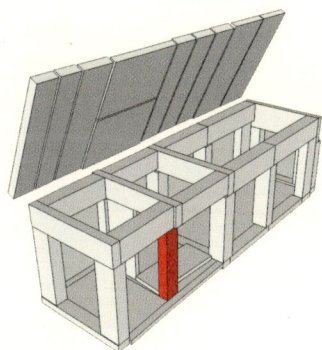

编号	HN-NY-034-05（4）
时代	东汉
原收藏号	不详
出土/征集地	南阳市溧河乡十里铺汉墓
出土/征集时间	1982 年 4 月
原石尺寸	31×132×32
质地	石灰石
原石情况	原石为长方体，石两端残缺。
组合关系	中室门南立柱西侧面
画面简述	门吏，手扶棒状物（桨状物）而立。戴帻，着交领大袖袍，袍下摆施缘，袍下露袴。四周有框。
著录与文献	南阳地区文物工作队、南阳县文化馆：《河南南阳县十里铺画像石墓》，载《文物》1986 年第 4 期，54 页，图 11 第七幅。
收藏单位	南阳汉画馆

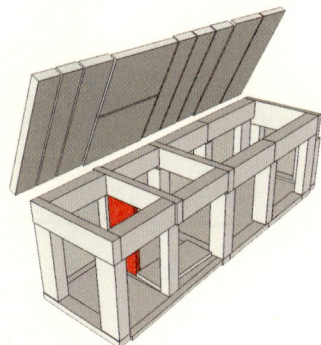

编号	HN-NY-034-06（1）
时代	东汉
原收藏号	不详
出土/征集地	南阳市溧河乡十里铺汉墓
出土/征集时间	1982 年 4 月
原石尺寸	55×136×8
质地	石灰石
原石情况	原石为墓门，完整。
组合关系	中室北门扉正面
画面简述	下部残。上为朱雀，下为铺首衔环。三边有框。
著录与文献	南阳地区文物工作队、南阳县文化馆：《河南南阳县十里铺画像石墓》，载《文物》1986 年第 4 期，55 页，图 17 第十四幅。
收藏单位	南阳汉画馆

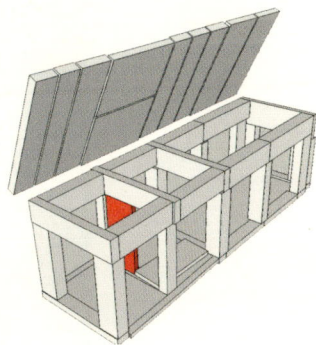

编　号	HN-NY-034-06（2）
时　代	东汉
原收藏号	不详
出土/征集地	南阳市溧河乡十里铺汉墓
出土/征集时间	1982 年 4 月
原石尺寸	55×136×8
质　地	石灰石
原石情况	原石为墓门，完整。
组合关系	中室北门扉背面
画面简述	门扉。菱形穿环纹。三边有框。
著录与文献	
收藏单位	南阳汉画馆

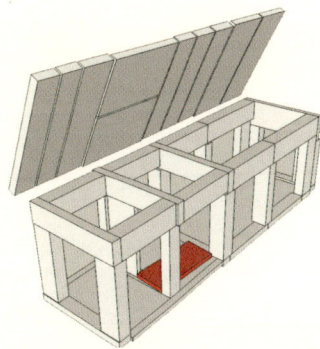

编号	HN-NY-034-07（2）
时代	东汉
原收藏号	不详
出土/征集地	南阳市溧河乡十里铺汉墓
出土/征集时间	1982 年 4 月
原石尺寸	56×140×9
质地	石灰石
原石情况	原石为长方体，完整。
组合关系	中室南门扉背面
画面简述	菱形穿环纹，纹样上刻麻点。三边有框。
著录与文献	南阳地区文物工作队、南阳县文化馆：《河南南阳县十里铺画像石墓》，载《文物》1986 年第 4 期，55 页，图 16 第十二幅。
收藏单位	南阳汉画馆

44

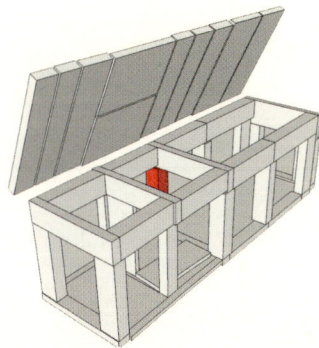

编号	HN-NY-034-08（2）
时代	东汉
原收藏号	不详
出土/征集地	南阳市溧河乡十里铺汉墓
出土/征集时间	1982 年 4 月
原石尺寸	133×40×34
质地	石灰石
原石情况	原石为长方体，完整。
组合关系	后室门北立柱背面
画面简述	画面似二灵怪相斗，左方一独角兽（似龙），短吻长颈有翼，张口前趋；右方一独角兽，长吻短颈有翼，俯身抬头前趋。画面满布云气纹。三边可见框。
著录与文献	南阳地区文物工作队、南阳县文化馆：《河南南阳县十里铺画像石墓》，载《文物》1986 年第 4 期，58 页，图 26 第二十四幅。
收藏单位	南阳汉画馆

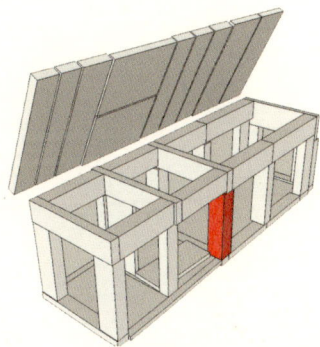

编号	HN-NY-034-09（1）
时代	东汉
原收藏号	不详
出土/征集地	南阳市溧河乡十里铺汉墓
出土/征集时间	1982 年 4 月
原石尺寸	131×42×31
质地	石灰石
原石情况	原石为长方体，完整。
组合关系	后室门南立柱正面
画面简述	从左至右为：人物，似戴犬形头面具，袖口卷扬，正面而立；人物，似戴鸡首面具，两袖蜷于胸部，正面而立；人物，似戴犬形头面具，微侧身而立；人物，似戴鹿形头面具，腰悬长剑而立。四周有框。
著录与文献	南阳地区文物工作队、南阳县文化馆：《河南南阳县十里铺画像石墓》，载《文物》1986 年第 4 期，56 页，图 21 第二十一幅。
收藏单位	南阳汉画馆

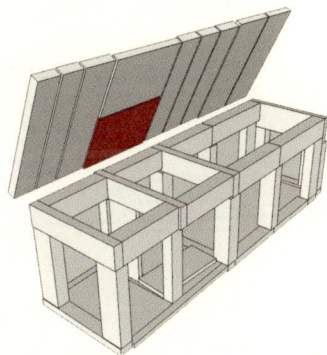

编号	HN-NY-034-11
时代	东汉
原收藏号	不详
出土/征集地	南阳市溧河乡十里铺汉墓
出土/征集时间	1982 年 4 月
原石尺寸	91×149×12
质地	石灰石
原石情况	原石为长方体墓顶的盖顶石，完整。
组合关系	中室北盖顶石
画面简述	画面上部刻朱雀昂首站立。中间左为青龙，右为白虎。下部左侧刻一羽人，右侧为月轮，内有一蟾蜍。背景饰云气纹。两边有框。
著录与文献	南阳地区文物工作队、南阳县文化馆：《河南南阳县十里铺画像石墓》，载《文物》1986 年第 4 期，57 页，图 23 第二十幅；闪修山、王儒林、李陈广编著《南阳汉画像石》，郑州：河南美术出版社，1989 年，170 页；韩玉祥、李陈广主编，南阳汉画馆编著《南阳汉代画像石墓》，郑州：河南美术出版社，1998 年，200 页，图一二。
收藏单位	南阳汉画馆

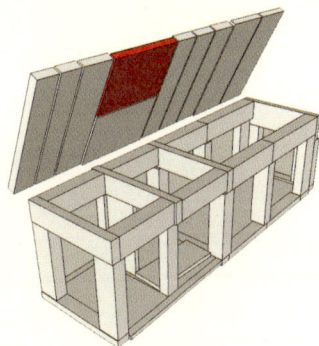

编号	HN-NY-034-12
时代	东汉
原收藏号	不详
出土/征集地	南阳市溧河乡十里铺汉墓
出土/征集时间	1982 年 4 月
原石尺寸	87×146×13
质地	石灰石
原石情况	原石为长方体，完整。
组合关系	中室南盖顶石
画面简述	画面从左至右为：1. 灵怪双（人）首龙身，尾端分为七叉，似各生一（人）首，有翼；2. 一羽人呈飞奔状，控缰驾二鹿；3. 二鹿，双角有翼，呈飞奔状；4. 一玄武。布有云气纹。两边有框。
著录与文献	南阳地区文物工作队、南阳县文化馆：《河南南阳县十里铺画像石墓》，载《文物》1986 年第 4 期，57 页，图 22 第十九幅；闪修山、王儒林、李陈广编著《南阳汉画像石》，郑州：河南美术出版社，1989 年，193 页；韩玉祥、李陈广主编，南阳汉画馆编著《南阳汉代画像石墓》，郑州：河南美术出版社，1998 年，200 页，图一一；王建中、赵成甫、魏仁华编《中国画像石全集 6 河南汉画像石》，郑州：河南美术出版社，济南：山东美术出版社，2000 年，161 页，一九七。
收藏单位	南阳汉画馆

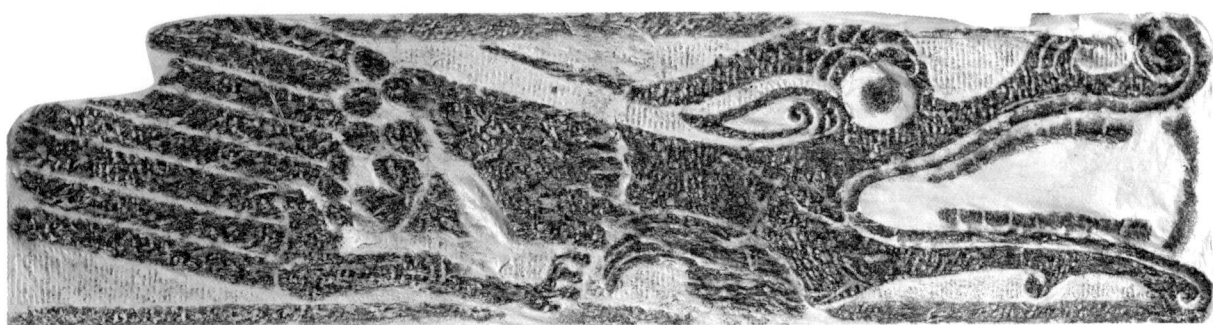

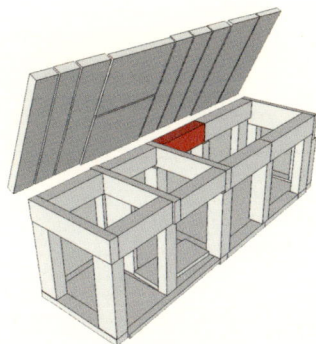

编号	HN-NY-034-13（1）
时代	东汉
原收藏号	不详
出土/征集地	南阳市溧河乡十里铺汉墓
出土/征集时间	1982 年 4 月
原石尺寸	162×42×32
质地	石灰石
原石情况	原石完整。
组合关系	后室南壁上部西石
画面简述	应龙。齿部镂空为透雕。上、下有框。
著录与文献	
收藏单位	南阳汉画馆

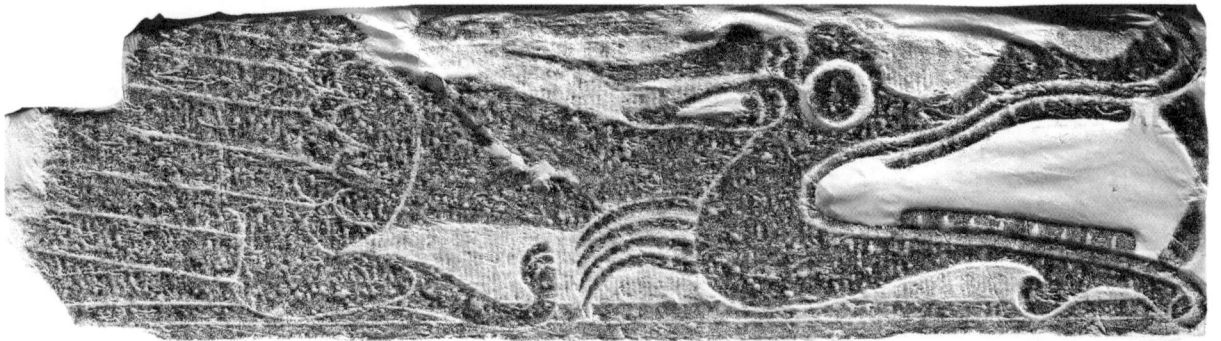

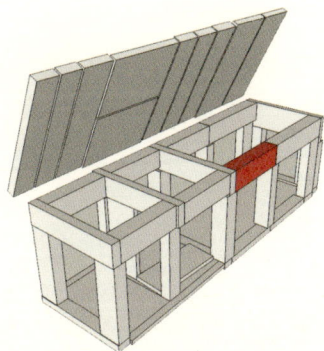

编号	HN-NY-034-14（1）
时代	东汉
原收藏号	不详
出土/征集地	南阳市溧河乡十里铺汉墓
出土/征集时间	1982 年 4 月
原石尺寸	160×41×32
质地	石灰石
原石情况	原石为长方体，完整。
组合关系	后室北壁上部西石北侧面
画面简述	应龙。齿部镂空为透雕。两边有框。
著录与文献	
收藏单位	南阳汉画馆

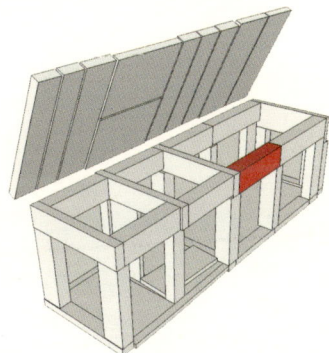

编号	HN-NY-034-14（2）
时代	东汉
原收藏号	不详
出土/征集地	南阳市溧河乡十里铺汉墓
出土/征集时间	1982年4月
原石尺寸	160×41×32
质地	石灰石
原石情况	原石为长方体，完整。
组合关系	后室北壁上部西石南侧面
画面简述	应龙。齿部镂空为透雕。两边有框。
著录与文献	南阳地区文物工作队、南阳县文化馆：《河南南阳县十里铺画像石墓》，载《文物》1986年第4期，60页，图33第三十四幅；闪修山、王儒林、李陈广编著《南阳汉画像石》，郑州：河南美术出版社，1989年，172页。
收藏单位	南阳汉画馆

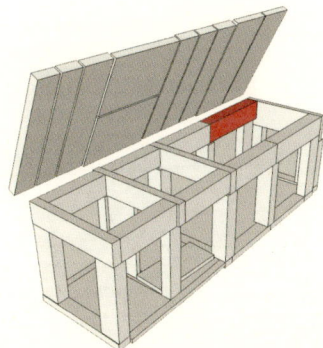

编号	HN-NY-034-15（1）
时代	东汉
原收藏号	不详
出土/征集地	南阳市溧河乡十里铺汉墓
出土/征集时间	1982 年 4 月
原石尺寸	171×41×31
质地	石灰石
原石情况	原石为长方体，完整。
组合关系	后室北壁上部东石北侧面
画面简述	左侧一虎（狮？），张口前扑；右侧一怪兽（熊？），夹尾低首。四周有框。
著录与文献	南阳地区文物工作队、南阳县文化馆：《河南南阳县十里铺画像石墓》，载《文物》1986 年第 4 期，62 页，图 43 第五十二幅。
收藏单位	南阳汉画馆

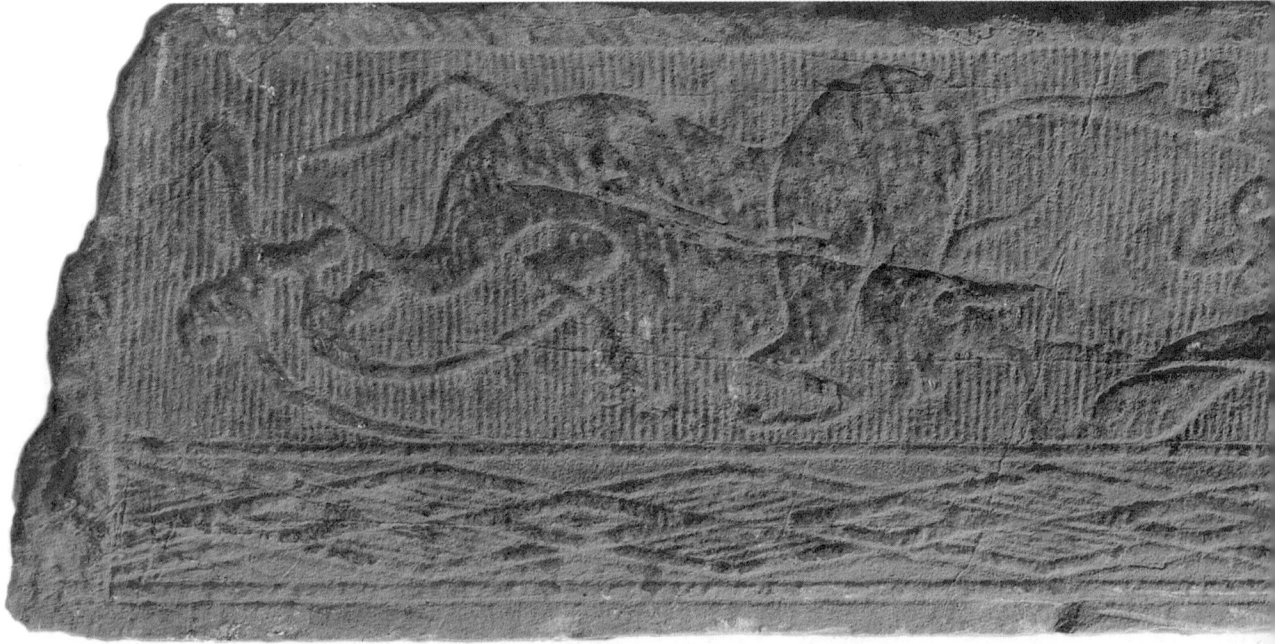

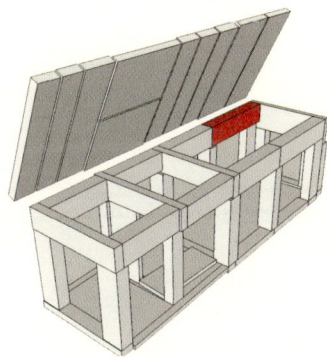

编号	HN-NY-034-15（2）
时代	东汉
原收藏号	不详
出土/征集地	南阳市溧河乡十里铺汉墓
出土/征集时间	1982年4月
原石尺寸	171×41×31
质地	石灰石
原石情况	原石为长方体，完整。
组合关系	后室北壁上部东石南侧面
画面简述	画面分为上、下两格。上为力士斗牛，似戴面具，着长襦袴。右有一兽，低首夹尾。背景饰云气纹。画面上、下、左三边有框，下为双边框，填刻菱形套连纹。
著录与文献	南阳地区文物工作队、南阳县文化馆：《河南南阳县十里铺画像石墓》，载《文物》1986年第4期，62页，图42第五十一幅。
收藏单位	南阳汉画馆

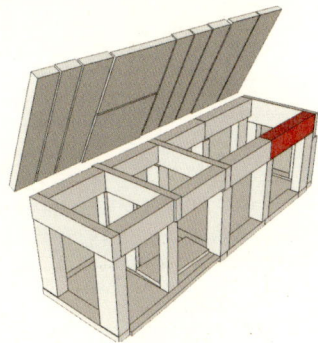

编号	HN-NY-034-16（1）
时代	东汉
原收藏号	不详
出土/征集地	南阳市溧河乡十里铺汉墓
出土/征集时间	1982 年 4 月
原石尺寸	162×41×31
质地	石灰石
原石情况	原石完整。
组合关系	后室南壁上部西石北侧面
画面简述	画面分为上下两格，上格为二应龙相向而戏（斗？），背景饰云气纹。下格为连续菱形纹，图案四周有边框。
著录与文献	南阳地区文物工作队、南阳县文化馆：《河南南阳县十里铺画像石墓》，载《文物》1986 年第 4 期，60 页，图 34 第三十六幅；韩玉祥、李陈广主编，南阳汉画馆编著《南阳汉代画像石墓》，郑州：河南美术出版社，1998 年，202 页，图一九。
收藏单位	南阳汉画馆

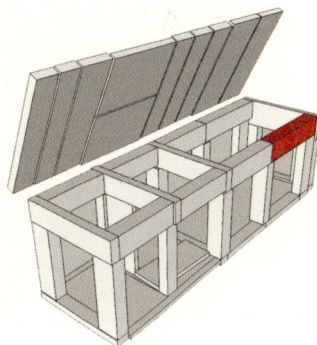

编号	HN-NY-034-16（2）
时代	东汉
原收藏号	不详
出土/征集地	南阳市溧河乡十里铺汉墓
出土/征集时间	1982 年 4 月
原石尺寸	162×41×31
质地	石灰石
原石情况	原石完整。
组合关系	后室南壁上部西石南侧面
画面简述	画面从左至右为：1、2. 二人物，持戟，戴武弁着袍；3. 一人物，戴冠着袍，袍袖上捋蓬张，袍下摆有一弓形线条，似夸张描绘裁出的燕尾，腰部有长剑；4、5. 二人物，梳高髻着袍，似跽坐抚琴（？）；6、7. 二侍从，戴冠着袍，颔首而跪。四周有框。
著录与文献	南阳地区文物工作队、南阳县文化馆：《河南南阳县十里铺画像石墓》，载《文物》1986 年第 4 期，60 页，图 35 第三十七幅；闪修山、王儒林、李陈广编著《南阳汉画像石》，郑州：河南美术出版社，1989 年，88 页；韩玉祥、李陈广主编，南阳汉画馆编著《南阳汉代画像石墓》，郑州：河南美术出版社，1998 年，202 页，图二〇。
收藏单位	南阳汉画馆

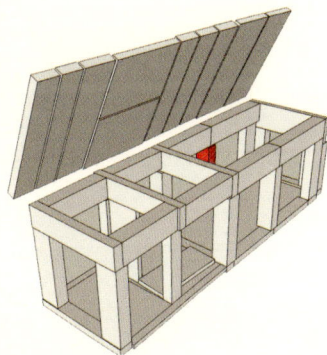

编号	HN-NY-034-18（1）
时代	东汉
原收藏号	不详
出土/征集地	南阳市溧河乡十里铺汉墓
出土/征集时间	1982 年 4 月
原石尺寸	41×131×31
质地	石灰石
原石情况	原石为长方体，完整。
组合关系	后室北壁西立柱正面
画面简述	门吏，捧吾（棒？）。球状发髻（或冠），形制不明，着交领大袖袍，袍下摆施缘。四周有框。
著录与文献	南阳地区文物工作队、南阳县文化馆：《河南南阳县十里铺画像石墓》，载《文物》1986 年第 4 期，61 页，图 37 第四十幅。
收藏单位	南阳汉画馆

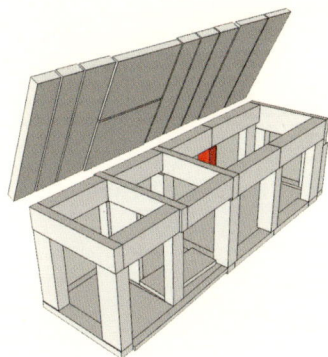

编号	HN-NY-034-18（2）
时代	东汉
原收藏号	不详
出土/征集地	南阳市溧河乡十里铺汉墓
出土/征集时间	1982 年 4 月
原石尺寸	32×132×41
质地	石灰石
原石情况	原石为长方体，完整。
组合关系	后室北壁西立柱北侧面
画面简述	一熊。圆目回首，前肢上举。四周有框。
著录与文献	南阳地区文物工作队、南阳县文化馆：《河南南阳县十里铺画像石墓》，载《文物》1986 年第 4 期，63 页，图 44 第四十三幅。
收藏单位	南阳汉画馆

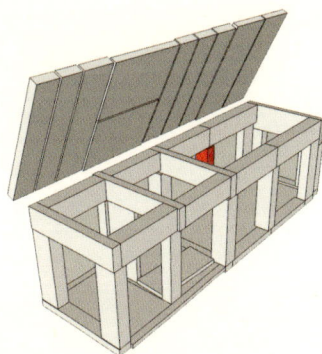

编号	HN-NY-034-18（3）
时代	东汉
原收藏号	不详
出土/征集地	南阳市溧河乡十里铺汉墓
出土/征集时间	1982 年 4 月
原石尺寸	32×132×41
质地	石灰石
原石情况	原石为长方体，完整。
组合关系	后室北壁西立柱东侧面
画面简述	仆从，捧盾而立。戴武弁，着交领袍，袍下摆施缘，袍下露袴。三边有框。
著录与文献	南阳地区文物工作队、南阳县文化馆：《河南南阳县十里铺画像石墓》，载《文物》1986 年第 4 期，61 页，图 38 第四十一幅。
收藏单位	南阳汉画馆

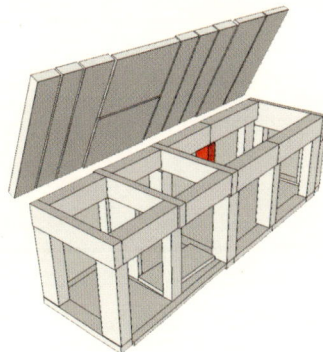

编号	HN-NY-034-18（4）
时代	东汉
原收藏号	不详
出土/征集地	南阳市溧河乡十里铺汉墓
出土/征集时间	1982 年 4 月
原石尺寸	41×131×31
质地	石灰石
原石情况	原石为长方体，完整。
组合关系	后室北壁西立柱南侧面
画面简述	人物，左手捧圆盒，右手提壶。梳高髻，似戴胜，未刻五官，着交领细腰袍，袍下露曳地内裙。四周有框。
著录与文献	南阳地区文物工作队、南阳县文化馆：《河南南阳县十里铺画像石墓》，载《文物》1986 年第 4 期，61 页，图 39 第四十二幅；韩玉祥、李陈广主编，南阳汉画馆编著《南阳汉代画像石墓》，郑州：河南美术出版社，1998 年，202 页，图二一；王建中、赵成甫、魏仁华编《中国画像石全集 6 河南汉画像石》，郑州：河南美术出版社，济南：山东美术出版社，2000 年，163 页，一九九。
收藏单位	南阳汉画馆

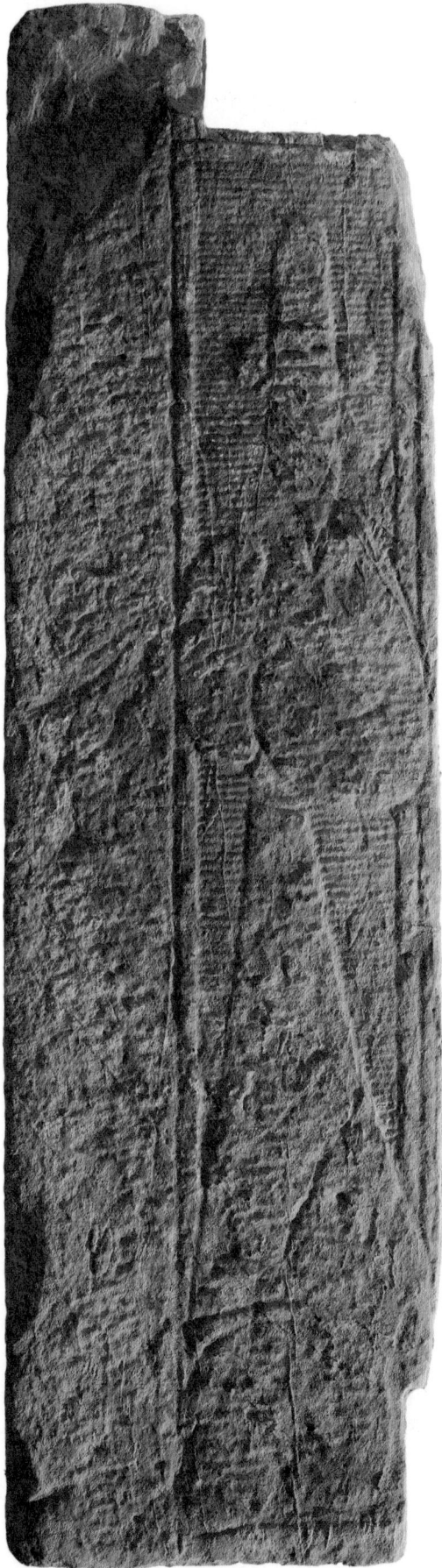

编　号	HN-NY-034-19（1）
时　代	东汉
原收藏号	不详
出土/征集地	南阳市溧河乡十里铺汉墓
出土/征集时间	1982 年 4 月
原石尺寸	37×130×31
质　地	石灰石
原石情况	原石为长方体，上端残缺。
组合关系	后室南壁西立柱正面
画面简述	侍女，站立。梳高髻，戴胜，未刻五官，着交领大袖细腰袍，腰系带，袍下摆施缘，袍下露曳地内裙。四周有框。
著录与文献	南阳地区文物工作队、南阳县文化馆：《河南南阳县十里铺画像石墓》，载《文物》1986 年第 4 期，59 页，图 28 第二十五幅；韩玉祥、李陈广主编，南阳汉画馆编著《南阳汉代画像石墓》，郑州：河南美术出版社，1998 年，201 页，图一四。
收藏单位	南阳汉画馆

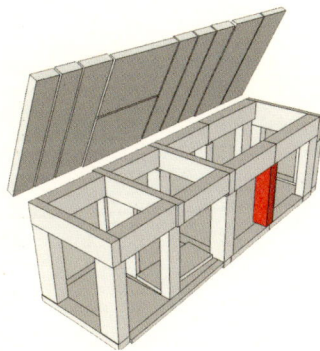

编号	HN-NY-034-19（2）
时代	东汉
原收藏号	不详
出土/征集地	南阳市溧河乡十里铺汉墓
出土/征集时间	1982 年 4 月
原石尺寸	31×130×37
质地	石灰石
原石情况	原石为长方体，上端残缺。
组合关系	后室南壁西立柱北侧面
画面简述	门吏，戴介帻，着交领大袖袍，袍下摆施缘，袍下露袴和履头。左手扶盾，右手执棒（吾），棒尾部弯曲。四周有框。
著录与文献	南阳地区文物工作队、南阳县文化馆：《河南南阳县十里铺画像石墓》，载《文物》1986 年第 4 期，59 页，图 30 第二十六幅；韩玉祥、李陈广主编，南阳汉画馆编著《南阳汉代画像石墓》，郑州：河南美术出版社，1998 年，201 页，图一六。
收藏单位	南阳汉画馆

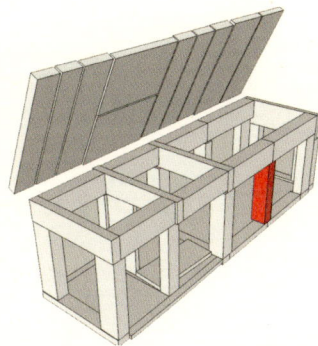

编号	HN-NY-034-19（3）
时代	东汉
原收藏号	不详
出土/征集地	南阳市溧河乡十里铺汉墓
出土/征集时间	1982 年 4 月
原石尺寸	37×130×31
质地	石灰石
原石情况	原石为长方体，上端残缺。
组合关系	后室南壁西立柱东侧面
画面简述	侍女，站立。梳高髻，戴胜，未刻五官，着交领大袖细腰曳地袍。四周有框。
著录与文献	南阳地区文物工作队、南阳县文化馆：《河南南阳县十里铺画像石墓》，载《文物》1986 年第 4 期，59 页，图 29 第二十七幅；南阳地区文物工作队、南阳县文化馆：《河南南阳县十里铺画像石墓》，载《文物》1986 年第 4 期，57 页，图 28 第二十五幅；韩玉祥、李陈广主编，南阳汉画馆编著《南阳汉代画像石墓》，郑州：河南美术出版社，1998 年，201 页，图一五。
收藏单位	南阳汉画馆

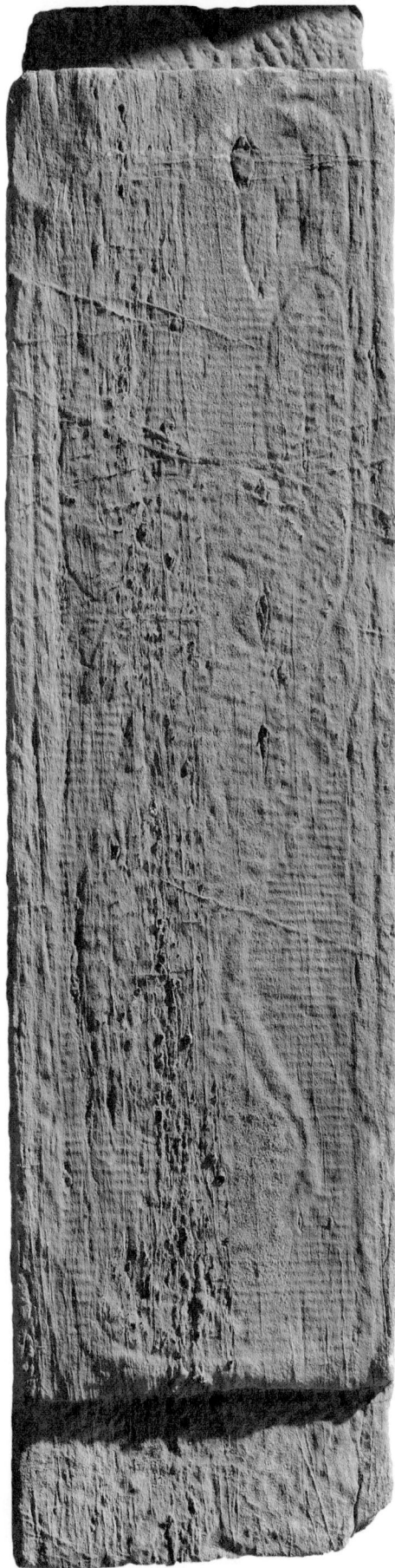

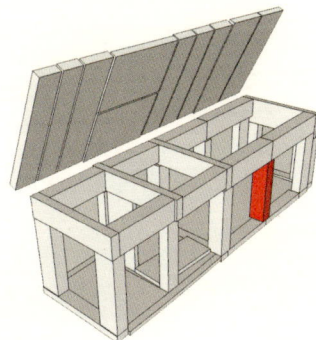

编号	HN-NY-034-19（4）
时代	东汉
原收藏号	不详
出土/征集地	南阳市溧河乡十里铺汉墓
出土/征集时间	1982 年 4 月
原石尺寸	31×130×37
质地	石灰石
原石情况	原石为长方体，上端残缺。
组合关系	后室南壁西立柱南侧面
画面简述	一熊。圆目回首，前肢上举。四周有框。
著录与文献	南阳地区文物工作队、南阳县文化馆：《河南南阳县十里铺画像石墓》，载《文物》1986 年第 4 期，59 页，图 31 第二十八幅。
收藏单位	南阳汉画馆

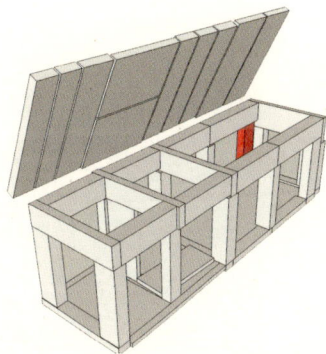

编号	HN-NY-034-20（1）
时代	东汉
原收藏号	不详
出土/征集地	南阳市溧河乡十里铺汉墓
出土/征集时间	1982 年 4 月
原石尺寸	139×43×32
质地	石灰石
原石情况	原石为长方体，完整。
组合关系	后室北壁中立柱南侧面
画面简述	左方一力士，似戴面具，着长襦袴，襦角上翘，一手执一棒状物，一手却怪兽于前；中间一怪兽，蹲伏于地，低首夹尾；右方一力士，着长襦袴，双臂平张，袖口卷扬，腰悬长剑，跨步向前。三边可见框，右沿残。
著录与文献	南阳地区文物工作队、南阳县文化馆：《河南南阳县十里铺画像石墓》，载《文物》1986 年第 4 期，62 页，图 40 第四十四幅。
收藏单位	南阳汉画馆

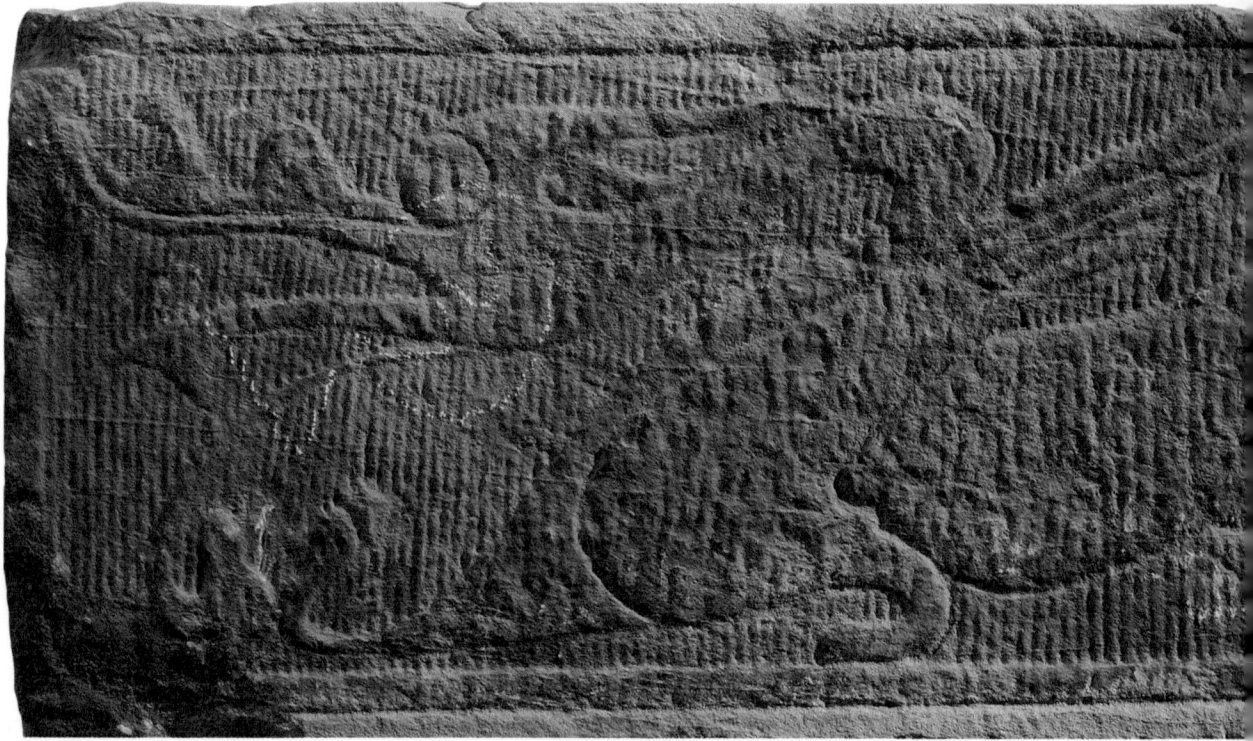

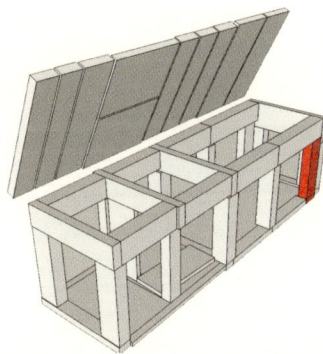

编号	HN-NY-034-21（1）
时代	东汉
原收藏号	不详
出土/征集地	南阳市溧河乡十里铺汉墓
出土/征集时间	1982 年 4 月
原石尺寸	160×41×32
质地	石灰石
原石情况	原石完整。
组合关系	后室南壁中立柱北侧面
画面简述	应龙。背景饰云气纹。三边有框，一边似为建筑需要而凿除。
著录与文献	南阳地区文物工作队、南阳县文化馆：《河南南阳县十里铺画像石墓》，载《文物》1986 年第 4 期，58 页，图 27 第二十九幅；韩玉祥、李陈广主编，南阳汉画馆编著《南阳汉代画像石墓》，郑州：河南美术出版社，1998 年，201 页，图一七。
收藏单位	南阳汉画馆

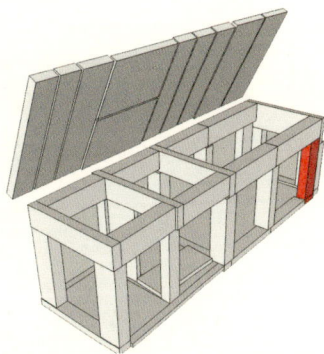

编号	HN-NY-034-21（2）
时代	东汉
原收藏号	不详
出土/征集地	南阳市溧河乡十里铺汉墓
出土/征集时间	1982 年 4 月
原石尺寸	160×41×32
质地	石灰石
原石情况	原石完整。
组合关系	后室南壁中立柱南侧面
画面简述	虎（母狮？），圆目张口。三边有框。
著录与文献	南阳地区文物工作队、南阳县文化馆：《河南南阳县十里铺画像石墓》，载《文物》1986 年第 4 期，60 页，图 32 第三十幅；韩玉祥、李陈广主编，南阳汉画馆编著《南阳汉代画像石墓》，郑州：河南美术出版社，1998 年，201 页，图一八。
收藏单位	南阳汉画馆

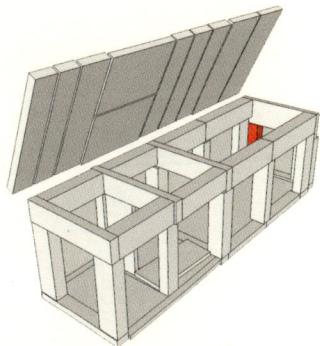

编号	HN-NY-034-22（1）
时代	东汉
原收藏号	不详
出土/征集地	南阳市溧河乡十里铺汉墓
出土/征集时间	1982 年 4 月
原石尺寸	32×105×18
质地	石灰石
原石情况	原石为长方体，完整。
组合关系	后室北壁东立柱正面
画面简述	一熊。圆目，回首。四周有框。
著录与文献	南阳地区文物工作队、南阳县文化馆：《河南南阳县十里铺画像石墓》，载《文物》1986 年第 4 期，63 页，图 45 第四十六幅。韩玉祥、李陈广主编，南阳汉画馆编著《南阳汉代画像石墓》，郑州：河南美术出版社，1998 年，202 页，图二二。
收藏单位	南阳汉画馆

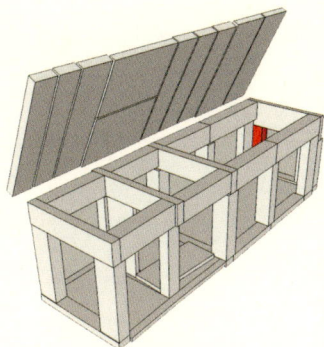

编号	HN-NY-034-22（2）
时代	东汉
原收藏号	不详
出土/征集地	南阳市溧河乡十里铺汉墓
出土/征集时间	1982 年 4 月
原石尺寸	18×105×32
质地	石灰石
原石情况	原石为长方体，完整。
组合关系	后室北壁东立柱北侧面
画面简述	菱形套连纹。两边有框。
著录与文献	
收藏单位	南阳汉画馆

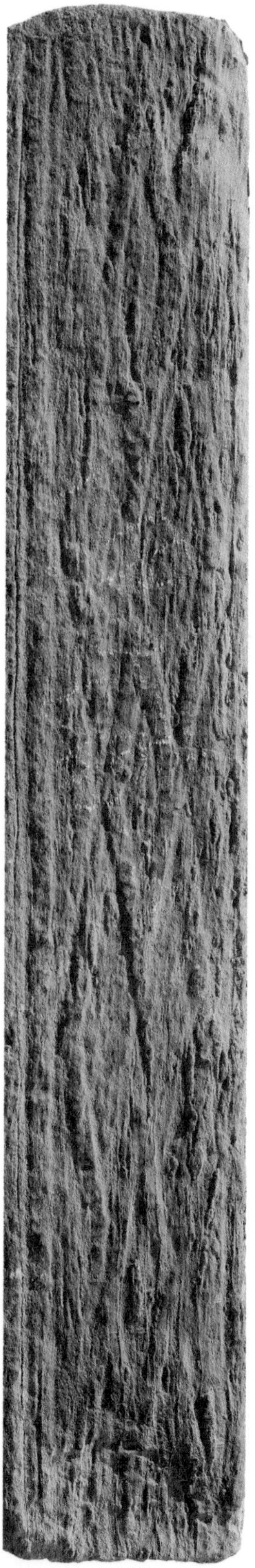

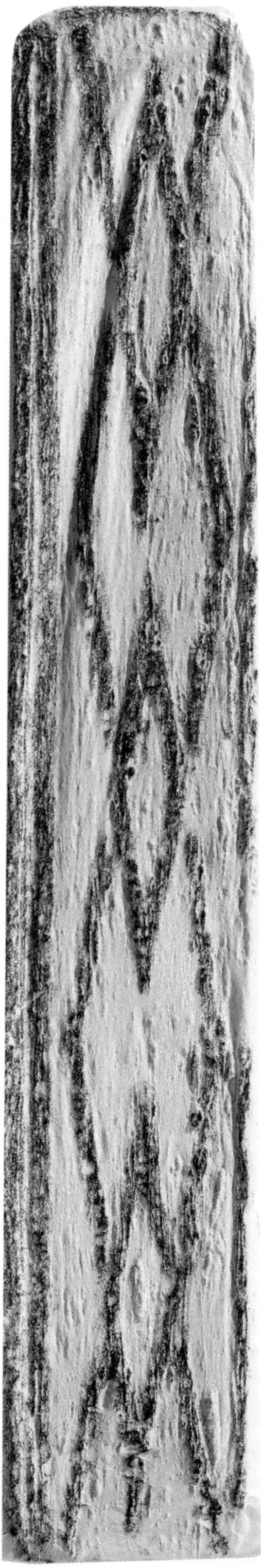

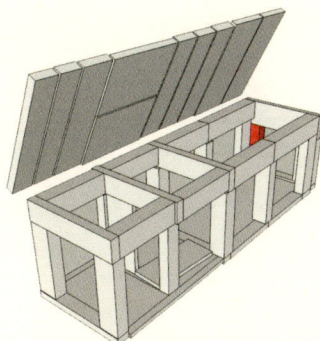

编号	HN-NY-034-22（3）
时代	东汉
原收藏号	不详
出土/征集地	南阳市溧河乡十里铺汉墓
出土/征集时间	1982 年 4 月
原石尺寸	18×105×32
质地	石灰石
原石情况	原石为长方体，完整。
组合关系	后室北壁东立柱南侧面
画面简述	菱形套连纹。两边有框。
著录与文献	
收藏单位	南阳汉画馆

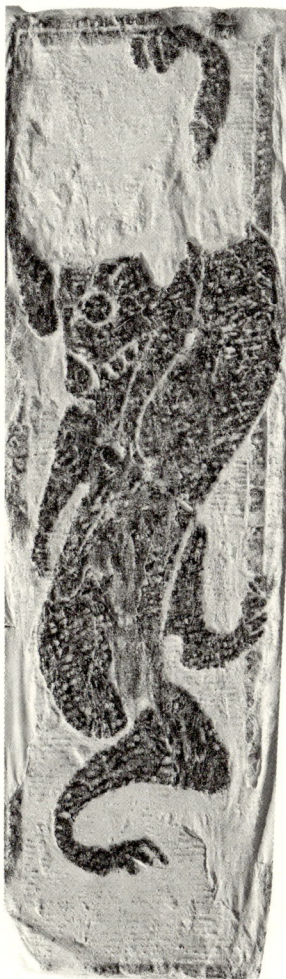

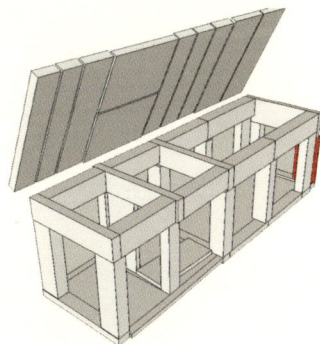

编号	HN-NY-034-23（1）
时代	东汉
原收藏号	不详
出土/征集地	南阳市溧河乡十里铺汉墓
出土/征集时间	1982 年 4 月
原石尺寸	30×106×18
质地	石灰石
原石情况	原石为长方体，完整，画面漫漶。
组合关系	后室南壁东立柱西侧面
画面简述	一熊。似舞蹈状。四周有框。
著录与文献	
收藏单位	南阳汉画馆

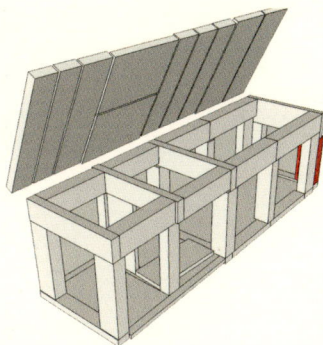

编号	HN-NY-034-23（2）
时代	东汉
原收藏号	不详
出土/征集地	南阳市溧河乡十里铺汉墓
出土/征集时间	1982 年 4 月
原石尺寸	18×106×30
质地	石灰石
原石情况	原石为长方体，完整，画面漫漶。
组合关系	后室南壁东立柱北侧面
画面简述	菱形套连纹。四周有框。
著录与文献	
收藏单位	南阳汉画馆

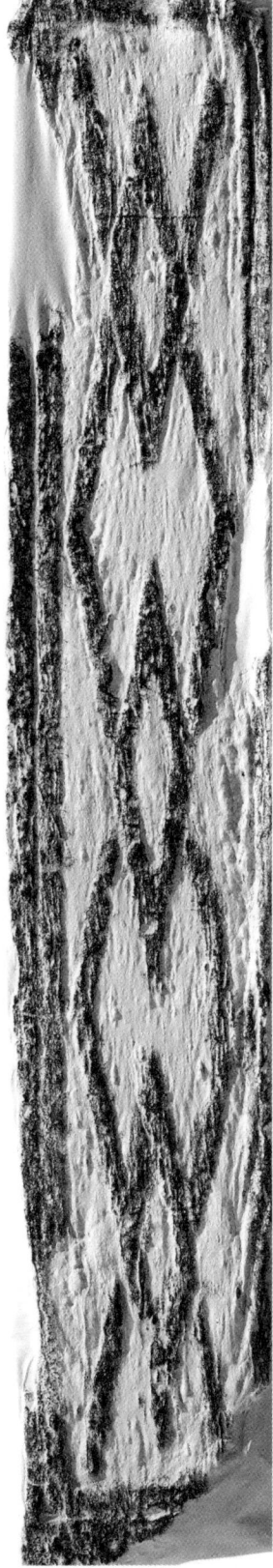

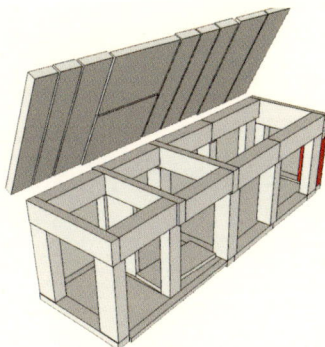

编号	HN-NY-034-23（3）
时代	东汉
原收藏号	不详
出土/征集地	南阳市溧河乡十里铺汉墓
出土/征集时间	1982 年 4 月
原石尺寸	18×106×30
质地	石灰石
原石情况	原石为长方体，完整，画面漫漶。
组合关系	后室南壁东立柱南侧面
画面简述	菱形套连纹。四周有框。
著录与文献	
收藏单位	南阳汉画馆

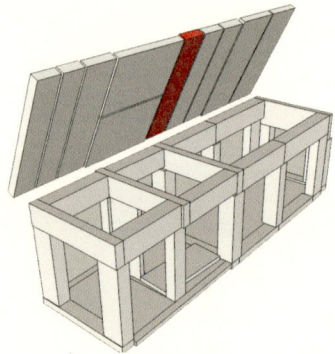

编号	HN-NY-034-24（1）
时代	东汉
原收藏号	不详
出土/征集地	南阳市溧河乡十里铺汉墓
出土/征集时间	1982 年 4 月
原石尺寸	180×33×20
质地	石灰石
原石情况	原石完整。
组合关系	后室盖顶石
画面简述	金乌负日，六星连线，其最后一颗星残，背景饰云气纹。三边有框。
著录与文献	南阳地区文物工作队、南阳县文化馆：《河南南阳县十里铺画像石墓》，载《文物》1986 年第 4 期，63 页，图 47 第五十七幅。
收藏单位	南阳汉画馆

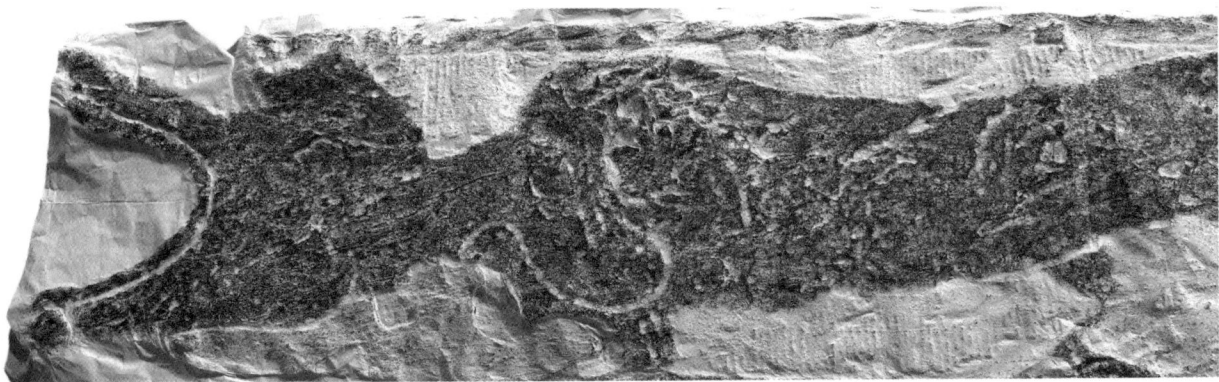

编号	HN-NY-034-24（2）
时代	东汉
原收藏号	不详
出土/征集地	南阳市溧河乡十里铺汉墓
出土/征集时间	1982 年 4 月
原石尺寸	180×33×20
质地	石灰石
原石情况	原石完整。
组合关系	后室盖顶石
画面简述	应龙。齿部镂空为透雕。上下有框。
著录与文献	
收藏单位	南阳汉画馆

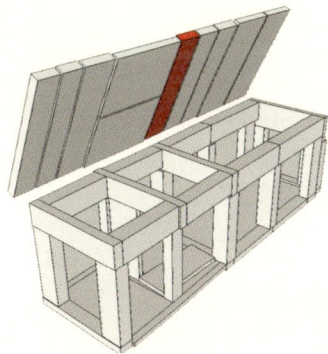

补正

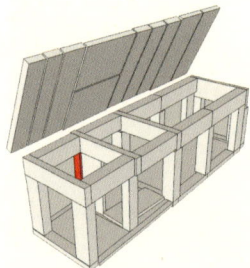

编号　　HN-NY-034-04（1）
时代　　东汉
组合关系　中室门北立柱正面
图片引自　南阳地区文物工作队、南阳
　　　　县文化馆：《河南南阳县十
　　　　里铺画像石墓》，载《文物》
　　　　1986 年第 4 期。

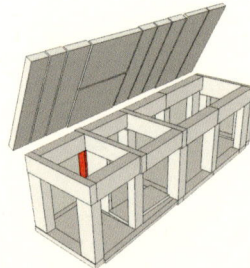

编号　　HN-NY-034-04（4）
时代　　东汉
组合关系　中室门北立柱南侧面
图片引自　南阳地区文物工作队、南阳
　　　　县文化馆：《河南南阳县十
　　　　里铺画像石墓》，载《文物》
　　　　1986 年第 4 期。

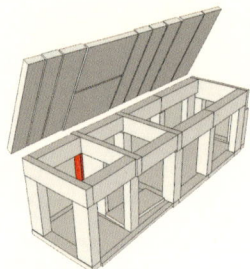

编号　　HN-NY-034-04（2）
时代　　东汉
组合关系　中室门北立柱北侧面
图片引自　南阳地区文物工作队、南阳
　　　　县文化馆：《河南南阳县十
　　　　里铺画像石墓》，载《文物》
　　　　1986 年第 4 期。

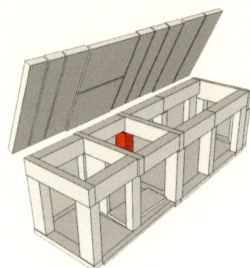

编号　　HN-NY-034-08（1）
时代　　东汉
组合关系　后室门北立柱正面
图片引自　南阳地区文物工作队、南阳县文化
　　　　馆：《河南南阳县十里铺画像石墓》，
　　　　载《文物》1986 年第 4 期。

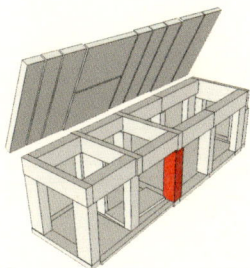

编号	HN-NY-034-09（2）
时代	东汉
组合关系	后室门南立柱背面
图片引自	南阳地区文物工作队、南阳县文化馆：《河南南阳县十里铺画像石墓》，载《文物》1986 年第 4 期。

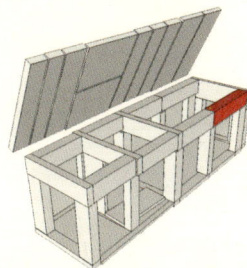

编号	HN-NY-034-10（2）
时代	东汉
组合关系	中室南壁上部石南侧面
图片引自	南阳地区文物工作队、南阳县文化馆：《河南南阳县十里铺画像石墓》，载《文物》1986 年第 4 期。

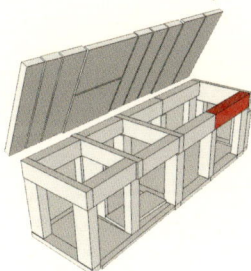

编号	HN-NY-034-10（1）
时代	东汉
组合关系	中室南壁上部石北侧面
图片引自	南阳地区文物工作队、南阳县文化馆：《河南南阳县十里铺画像石墓》，载《文物》1986 年第 4 期。

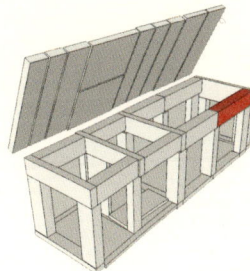

编号	HN-NY-034-10（3）
时代	东汉
组合关系	中室南壁上部石底面
图片引自	南阳地区文物工作队、南阳县文化馆：《河南南阳县十里铺画像石墓》，载《文物》1986 年第 4 期。

补正

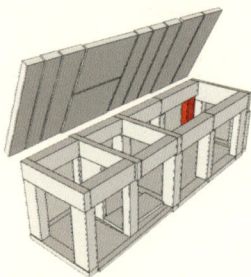

编号	HN-NY-034-20（2）
时代	东汉
组合关系	后室北壁中立柱北侧面
图片引自	南阳地区文物工作队、南阳县文化馆：《河南南阳县十里铺画像石墓》，载《文物》1986年第4期。

编号	HN-NY-034-25
时代	东汉
组合关系	后壁上部内侧
图片引自	南阳地区文物工作队、南阳县文化馆：《河南南阳县十里铺画像石墓》，载《文物》1986年第4期。

HN-NY-035-01 局部（与原石等大）

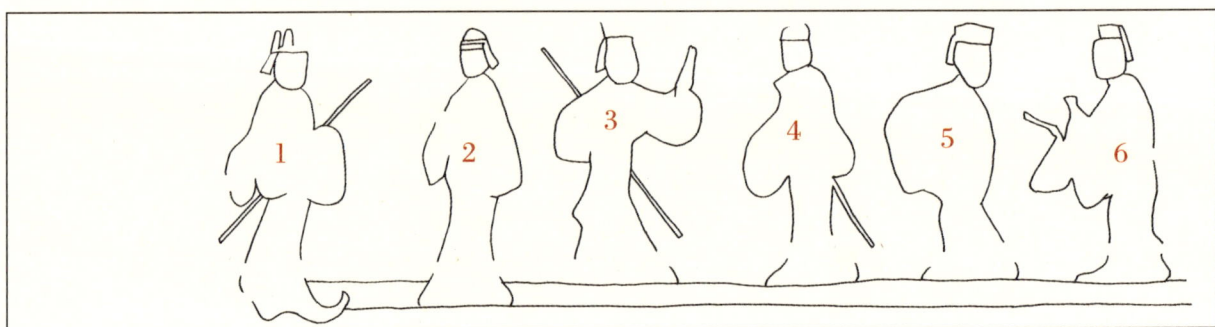

编号	HN-NY-035-01
时代	东汉
原收藏号	不详
出土/征集地	南阳市高庙汉墓
出土/征集时间	1994 年 4 月
原石尺寸	171×43×24
质地	石灰石
原石情况	原石为长方体，完整。
组合关系	门楣石
画面简述	画面从左至右为：1. 一人物佩剑向右；2. 一人物向左，似与左一人物对语；3. 一人物佩剑，面向右站立，一手前伸上扬；4. 一人物，佩剑，面向左站立；5. 一人物，大袖，似朝左行走，回首向右；6. 一人物双手前伸，似与左侧人对语。上、下、左三边有框。
著录与文献	韩玉祥、李陈广主编，南阳汉画馆编著《南阳汉代画像石墓》，郑州：河南美术出版社，1998 年，187 页，图一七。
收藏单位	南阳汉画馆

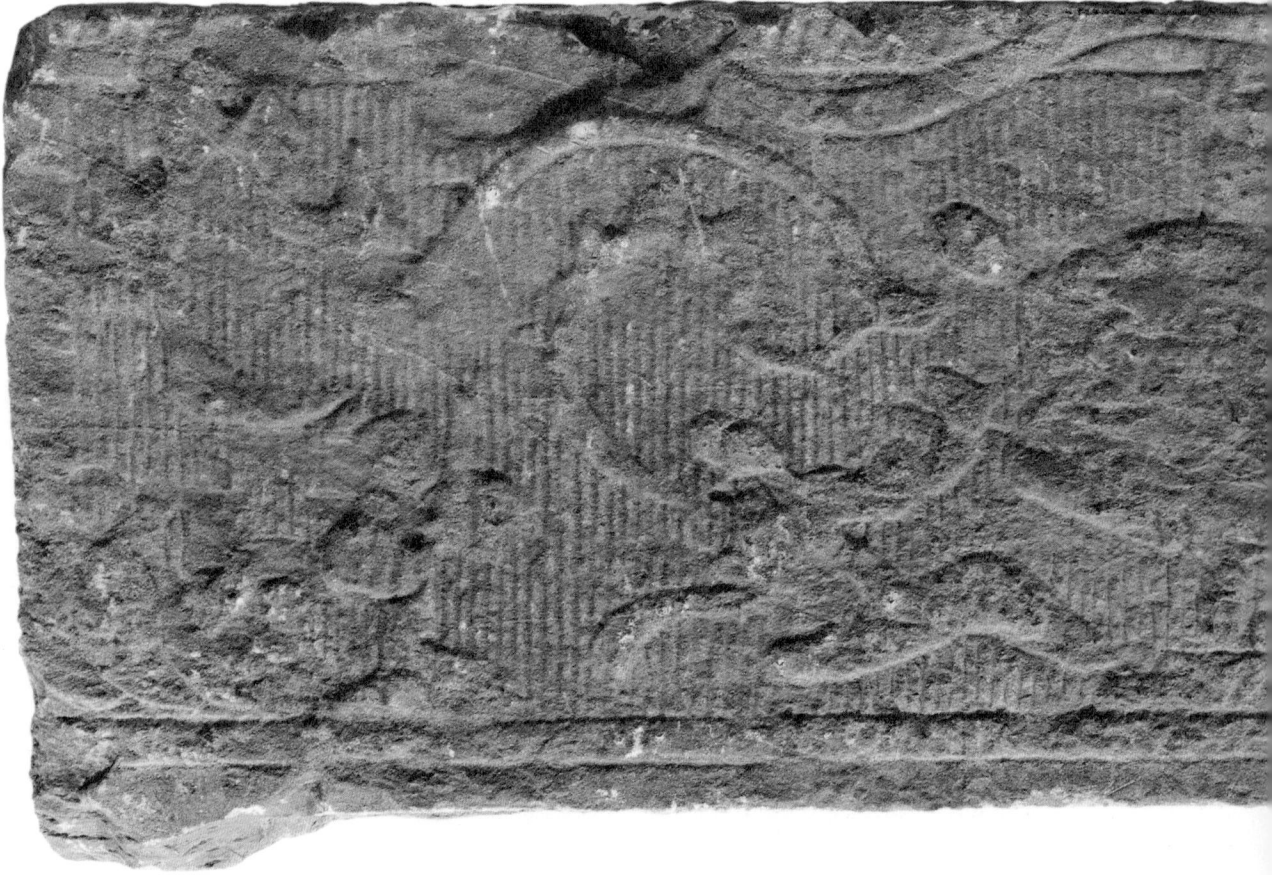

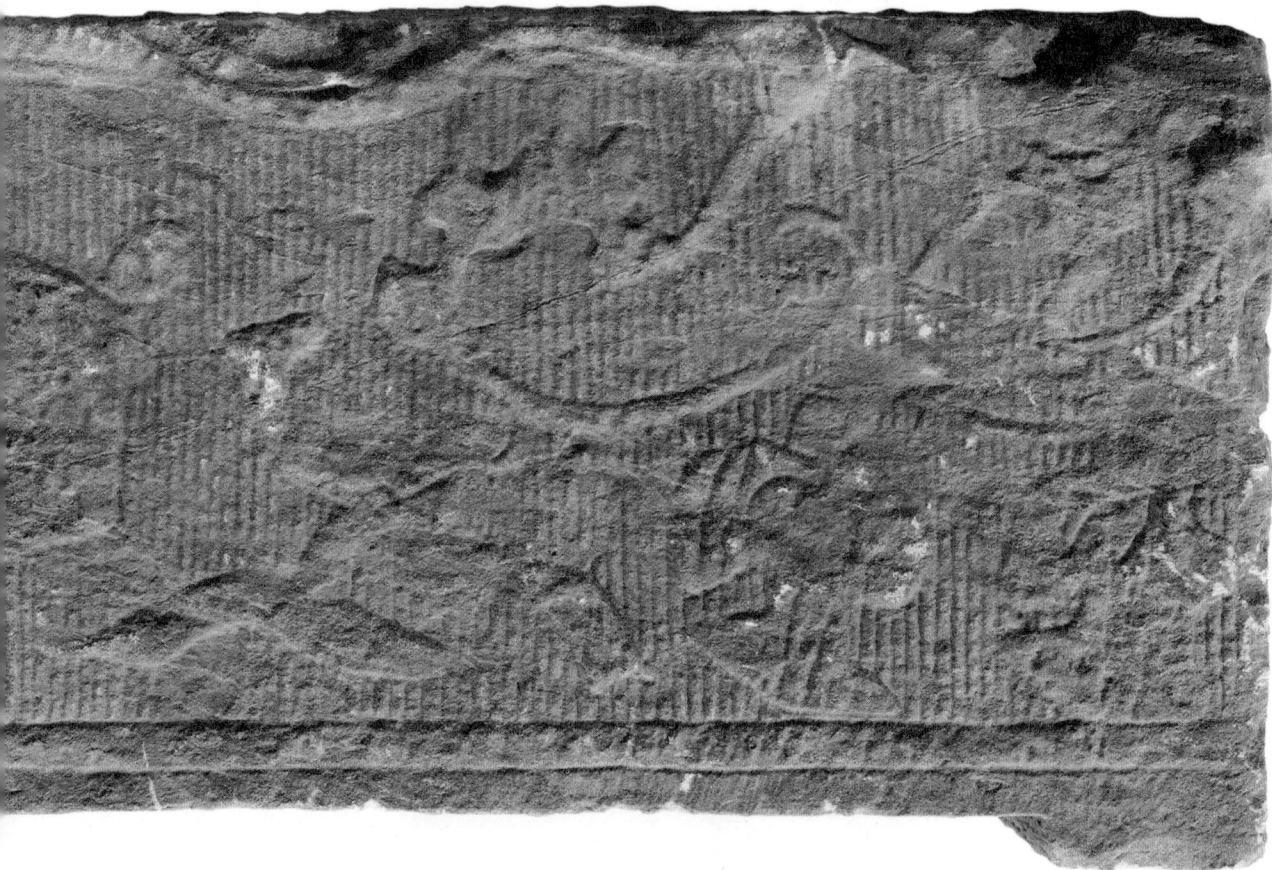

编号	HN-NY-035-02
时代	东汉
原收藏号	不详
出土/征集地	南阳市高庙汉墓
出土/征集时间	1994 年 4 月
原石尺寸	136×43×23
质地	石灰石
原石情况	原石为长方体，完整。
组合关系	门楣
画面简述	画面从左至右为：一人物吹竽（？）；一人物跨步挥长袖击建鼓；建鼓，上有羽葆，上沿两侧有小鼓（？）；一人物跨步挥长袖击建鼓；一人物吹排箫；一人物双手持排箫。背景刻云气纹。三边有框。
著录与文献	韩玉祥、李陈广主编，南阳汉画馆编著《南阳汉代画像石墓》，郑州：河南美术出版社，1998 年，187 页，图一八。
收藏单位	南阳汉画馆

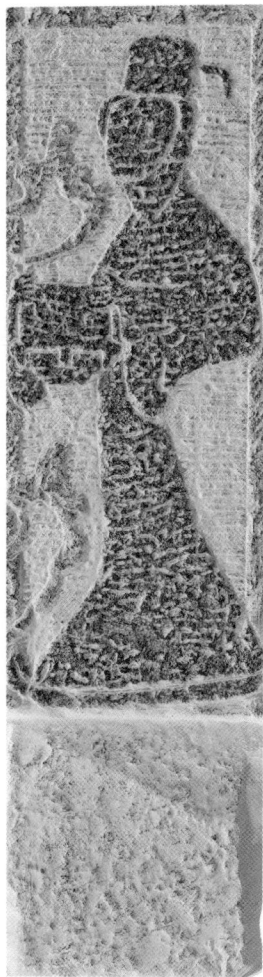

编号	HN-NY-035-03（1）
时代	东汉
原收藏号	不详
出土/征集地	南阳市高庙汉墓
出土/征集时间	1994 年 4 月
原石尺寸	33×119×34
质地	石灰石
原石情况	原石为长方体，完整。
组合关系	门柱
画面简述	侍女，捧盒（樽？）。梳高髻，髻后有一绺垂髻，着交领大袖细腰曳地袍，袍下摆施缘。背景有云气纹。四周有框。
著录与文献	韩玉祥、李陈广主编，南阳汉画馆编著《南阳汉代画像石墓》，郑州：河南美术出版社，1998 年，188 页，图二一。
收藏单位	南阳汉画馆

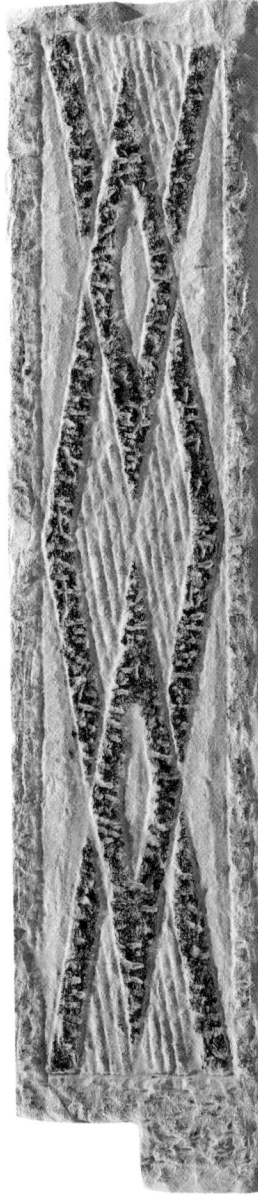

编号	HN-NY-035-03（2）
时代	东汉
原收藏号	不详
出土/征集地	南阳市高庙汉墓
出土/征集时间	1994 年 4 月
原石尺寸	33×119×33
质地	石灰石
原石情况	原石为长方体，完整。
组合关系	门柱
画面简述	菱形套连纹。三边可见框。
著录与文献	
收藏单位	南阳汉画馆

编号	HN-NY-035-03（3）
时代	东汉
原收藏号	不详
出土/征集地	南阳市高庙汉墓
出土/征集时间	1994 年 4 月
原石尺寸	33×119×33
质地	石灰石
原石情况	原石为长方体，完整。
组合关系	门柱
画面简述	上一熊，张口，四肢伸展。下一人物，捧盾；戴武弁，着交领大袖袍，袍下露袴。四周有框。
著录与文献	
收藏单位	南阳汉画馆

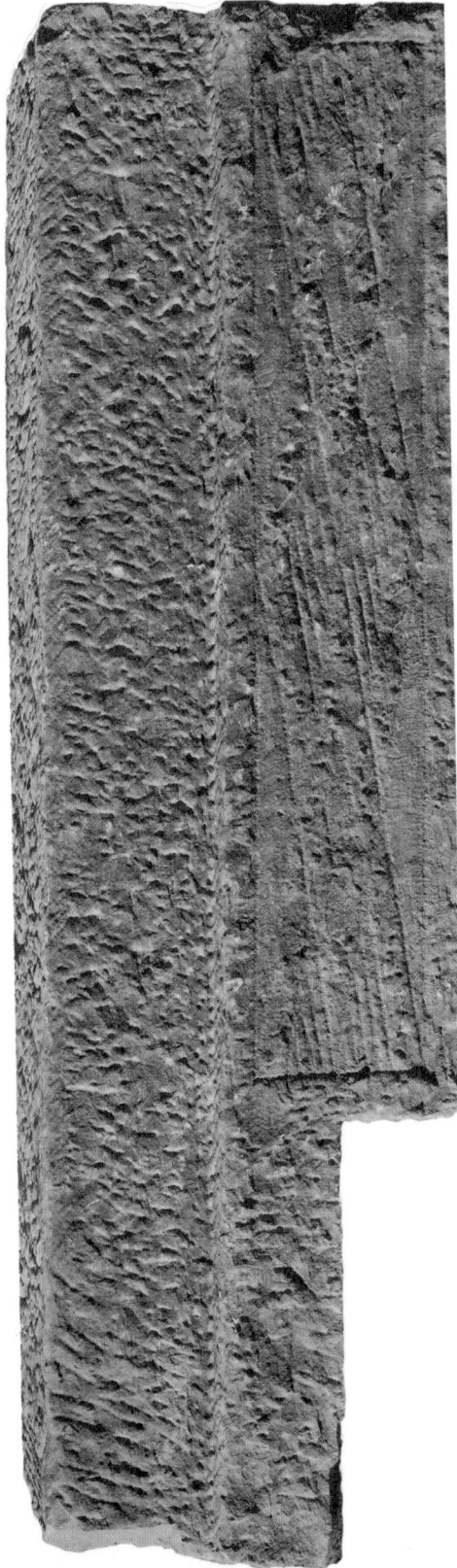

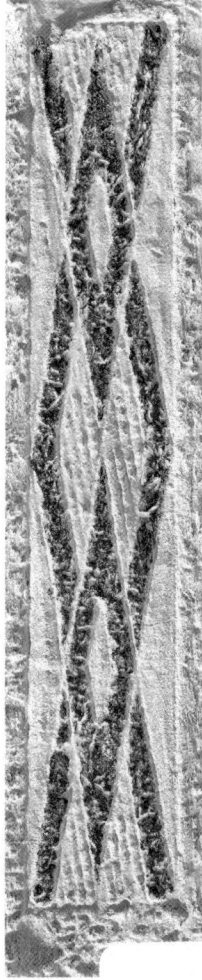

编号	HN-NY-035-03（4）
时代	东汉
原收藏号	不详
出土/征集地	南阳市高庙汉墓
出土/征集时间	1994 年 4 月
原石尺寸	33×119×33
质地	石灰石
原石情况	原石为长方体，完整。
组合关系	门柱
画面简述	菱形套连纹。四周有框。
著录与文献	
收藏单位	南阳汉画馆

编号	HN-NY-035-04（1）
时代	东汉
原收藏号	不详
出土/征集地	南阳市高庙汉墓
出土/征集时间	1994 年 4 月
原石尺寸	52×156×8
质地	石灰石
原石情况	原石为长方体，完整，风化严重。
组合关系	门扉
画面简述	上一朱雀，尾羽三枝上扬。下铺首衔环，环从鼻部穿过。四周有框。
著录与文献	韩玉祥、李陈广主编，南阳汉画馆编著《南阳汉代画像石墓》，郑州：河南美术出版社，1998 年，187 页，图一四。
收藏单位	南阳汉画馆

编号	HN-NY-035-04（2）
时代	东汉
原收藏号	不详
出土/征集地	南阳市高庙汉墓
出土/征集时间	1994 年 4 月
原石尺寸	52×156×8
质地	石灰石
原石情况	原石为长方体，完整，风化严重。
组合关系	门扉
画面简述	菱形套连纹，四周有框。
著录与文献	韩玉祥、李陈广主编，南阳汉画馆编著《南阳汉代画像石墓》，郑州：河南美术出版社，1998年，185 页，图八。
收藏单位	南阳汉画馆

编号	HN-NY-035-05（1）
时代	东汉
原收藏号	不详
出土/征集地	南阳市高庙汉墓
出土/征集时间	1994 年 4 月
原石尺寸	52×150×7
质地	石灰石
原石情况	原石为长方体，完整。
组合关系	门扉
画面简述	上一朱雀，尾羽四枝上扬。下铺首衔环，环从鼻部穿过。四周有框。
著录与文献	韩玉祥、李陈广主编，南阳汉画馆编著《南阳汉代画像石墓》，郑州：河南美术出版社，1998 年，187 页，图一二。
收藏单位	南阳汉画馆

编号	HN-NY-035-05（2）
时代	东汉
原收藏号	不详
出土/征集地	南阳市高庙汉墓
出土/征集时间	1994 年 4 月
原石尺寸	52×150×7
质地	石灰石
原石情况	原石为长方体，完整。
组合关系	门扉
画面简述	一力士，似戴面具，戴（力士冠？），头顶左右两侧似有两簇头发。似着短裤，腿部、脚部裸露。一手张开上举，另一手提钺。四周有框。
著录与文献	韩玉祥、李陈广主编，南阳汉画馆编著《南阳汉代画像石墓》，郑州：河南美术出版社，1998 年，187 页，图一五。
收藏单位	南阳汉画馆

编号	HN-NY-035-06（1）
时代	东汉
原收藏号	不详
出土/征集地	南阳市高庙汉墓
出土/征集时间	不详
原石尺寸	58×157×9
质地	石灰石
原石情况	原石为长方体，画面风化严重。
组合关系	门扉
画面简述	上一朱雀，昂首，展翅。下为铺首衔环。四周有框。
著录与文献	王建中、闪修山：《南阳两汉画像石》，北京：文物出版社，1990年，图53；韩玉祥、李陈广主编，南阳汉画馆编著《南阳汉代画像石墓》，郑州：河南美术出版社，1998年，187页，图一三。
收藏单位	南阳汉画馆

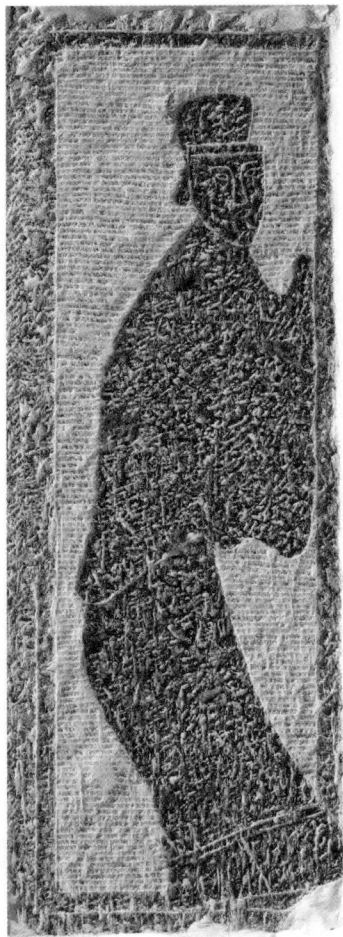

编号	HN-NY-035-06（2）
时代	东汉
原收藏号	不详
出土/征集地	南阳市高庙汉墓
出土/征集时间	不详
原石尺寸	58×157×9
质地	石灰石
原石情况	原石为长方体，画面风化严重。
组合关系	门扉
画面简述	门吏，戴武弁，着大袖袍，袍下摆施缘，袍下露袴。执笏。四周有框。
著录与文献	韩玉祥、李陈广主编，南阳汉画馆编著《南阳汉代画像石墓》，郑州：河南美术出版社，1998年，187页，图一六。
收藏单位	南阳汉画馆

编号	HN-NY-035-07
时代	东汉
原收藏号	不详
出土/征集地	南阳市高庙汉墓
出土/征集时间	1994 年 4 月
原石尺寸	114×23×11
质地	石灰石
原石情况	原石为长方体，完整。
组合关系	墓门下嵌石
画面简述	独角兽（兕？），俯首，踞地。四周有框。
著录与文献	韩玉祥、李陈广主编，南阳汉画馆编著《南阳汉代画像石墓》，郑州：河南美术出版社，1998 年，187 页，图一九。
收藏单位	南阳汉画馆

编号	HN-NY-035-08（1）
时代	东汉
原收藏号	不详
出土/征集地	南阳市高庙汉墓
出土/征集时间	1994 年 4 月
原石尺寸	150×33×33
质地	石灰石

原石情况	原石为长方体，完整。
组合关系	隔梁
画面简述	左为一狮，张口，向右奔走。右为一虎，低首，向左爬行。背景饰云气纹。上、下、右三边可见框。
著录与文献	韩玉祥、李陈广主编，南阳汉画馆编著《南阳汉代画像石墓》，郑州：河南美术出版社，1998年，190页，图三三。
收藏单位	南阳汉画馆

编号	HN-NY-035-08（2）
时代	东汉
原收藏号	不详
出土/征集地	南阳市高庙汉墓
出土/征集时间	1994 年 4 月
原石尺寸	148×33×34

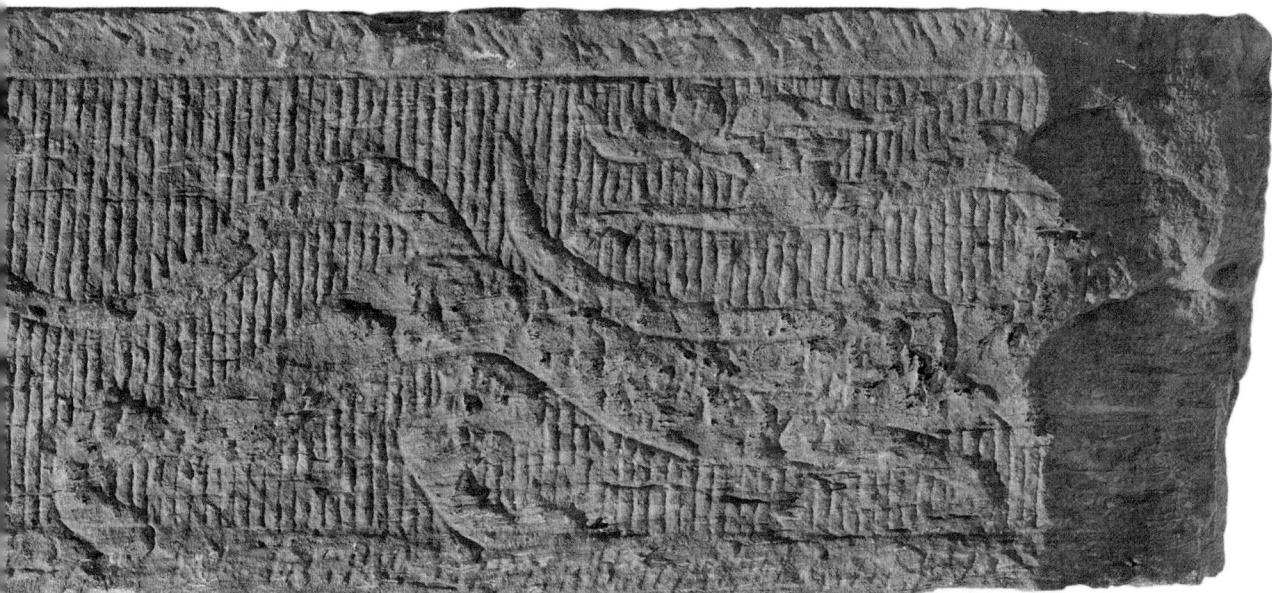

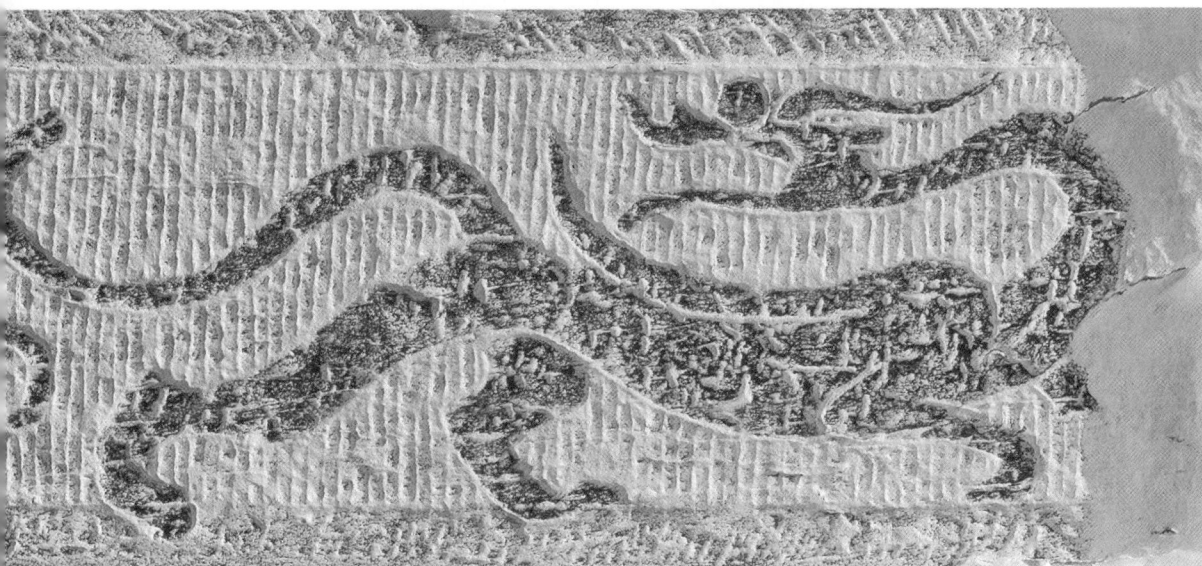

质地	石灰石
原石情况	原石为长方体，完整。
组合关系	隔梁
画面简述	左为羽人，一手持芝草，一手持丹，向右作奔走状。右为应龙，回首向羽人。上、下、左三边有框。
著录与文献	
收藏单位	南阳汉画馆

编号	HN-NY-035-08（3）
时代	东汉
原收藏号	不详
出土/征集地	南阳市高庙汉墓
出土/征集时间	1994 年 4 月
原石尺寸	150×33×33
质地	石灰石
原石情况	原石为长方体，完整。
组合关系	隔梁
画面简述	菱形套连纹。三边有框。
著录与文献	
收藏单位	南阳汉画馆

编号	HN-NY-035-09（1）
时代	东汉
原收藏号	不详
出土/征集地	南阳市高庙汉墓
出土/征集时间	1994 年 4 月
原石尺寸	150×33×33
质地	石灰石

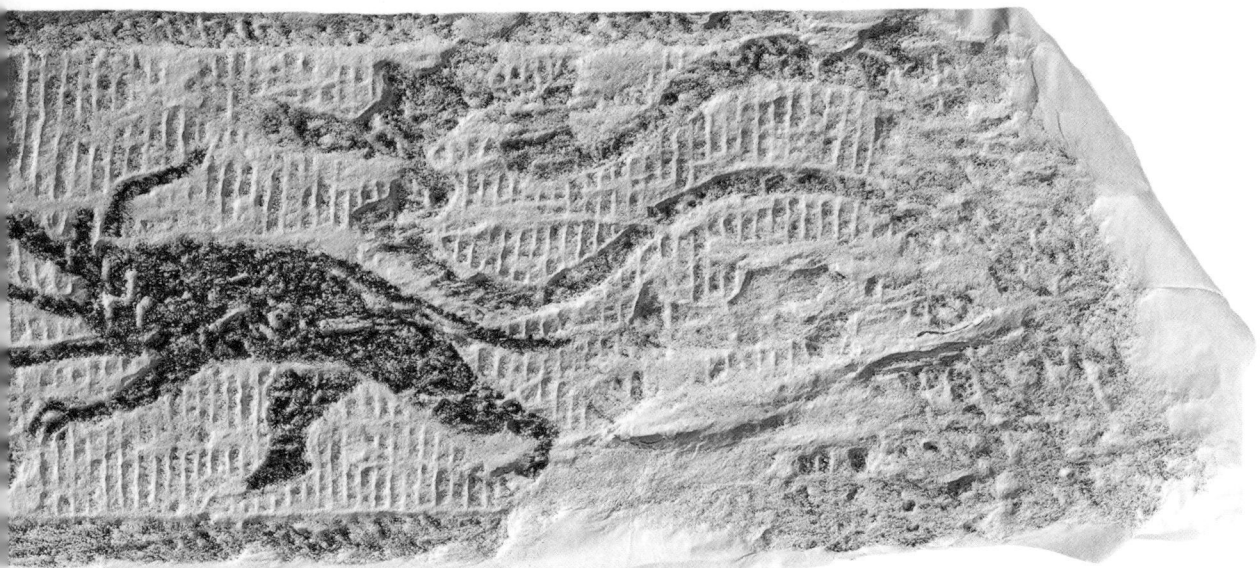

原石情况	原石为长方体，完整。
组合关系	隔梁
画面简述	左一应龙，作奔走状。右一灵怪，张口，似独角，作奔走状。背景布满云气纹。上、下两边可见框。
著录与文献	韩玉祥、李陈广主编，南阳汉画馆编著《南阳汉代画像石墓》，郑州：河南美术出版社，1998年，190页，图三四。
收藏单位	南阳汉画馆

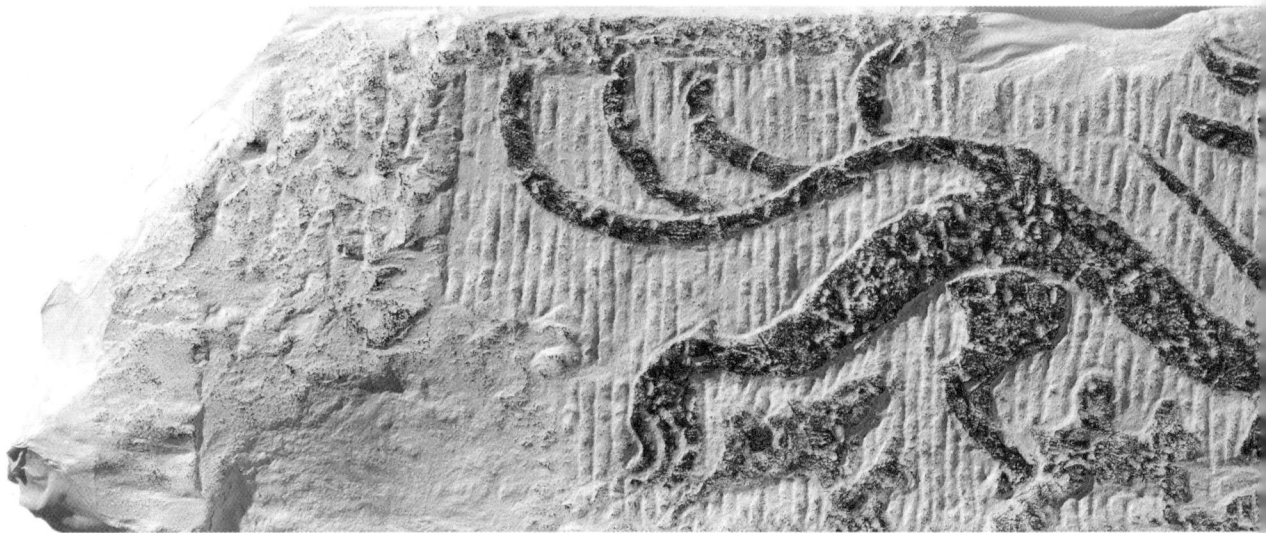

编号	HN-NY-035-09（2）
时代	东汉
原收藏号	不详
出土/征集地	南阳市高庙汉墓
出土/征集时间	1994 年 4 月
原石尺寸	150×33×33
质地	石灰石

原石情况	原石为长方体，完整。
组合关系	隔梁
画面简述	左一应龙，张口，尾部分叉，作奔走状。右一羽人，单膝跪地，面朝应龙。背景有云气纹。两边可见框。
著录与文献	韩玉祥、李陈广主编，南阳汉画馆编著《南阳汉代画像石墓》，郑州：河南美术出版社，1998年，190页，图三五。
收藏单位	南阳汉画馆

编号	HN-NY-035-10（1）
时代	东汉
原收藏号	不详
出土/征集地	南阳市高庙汉墓
出土/征集时间	1994 年 4 月
原石尺寸	138×33×31
质地	石灰石
原石情况	原石为长方体，完整。
组合关系	隔梁
画面简述	怪兽，俯首，似有角。画面漫漶。
著录与文献	
收藏单位	南阳汉画馆

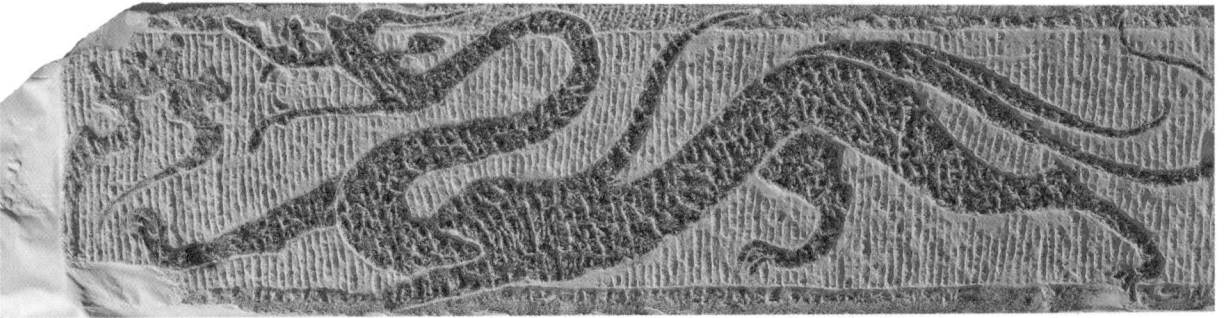

编号	HN-NY-035-10（2）
时代	东汉
原收藏号	不详
出土/征集地	南阳市高庙汉墓
出土/征集时间	1994 年 4 月
原石尺寸	136×33×29
质地	石灰石
原石情况	原石为长方体，完整。
组合关系	隔梁
画面简述	应龙，向左张口，踞地。尾部分叉。背景有云气纹。上、下两边有框。
著录与文献	韩玉祥、李陈广主编，南阳汉画馆编著《南阳汉代画像石墓》，郑州：河南美术出版社，1998年，190 页，图三六。
收藏单位	南阳汉画馆

编号	HN-NY-035-11（1）
时代	东汉
原收藏号	不详
出土/征集地	南阳市高庙汉墓
出土/征集时间	1994 年 4 月
原石尺寸	33×84×33
质地	石灰石
原石情况	原石为长方体，完整。
组合关系	梁柱
画面简述	人物，执吾。戴帻，着交领大袖袍，袍下露袴。左、右、上三边有框。
著录与文献	韩玉祥、李陈广主编，南阳汉画馆编著《南阳汉代画像石墓》，郑州：河南美术出版社，1998年，188 页，图二三。
收藏单位	南阳汉画馆

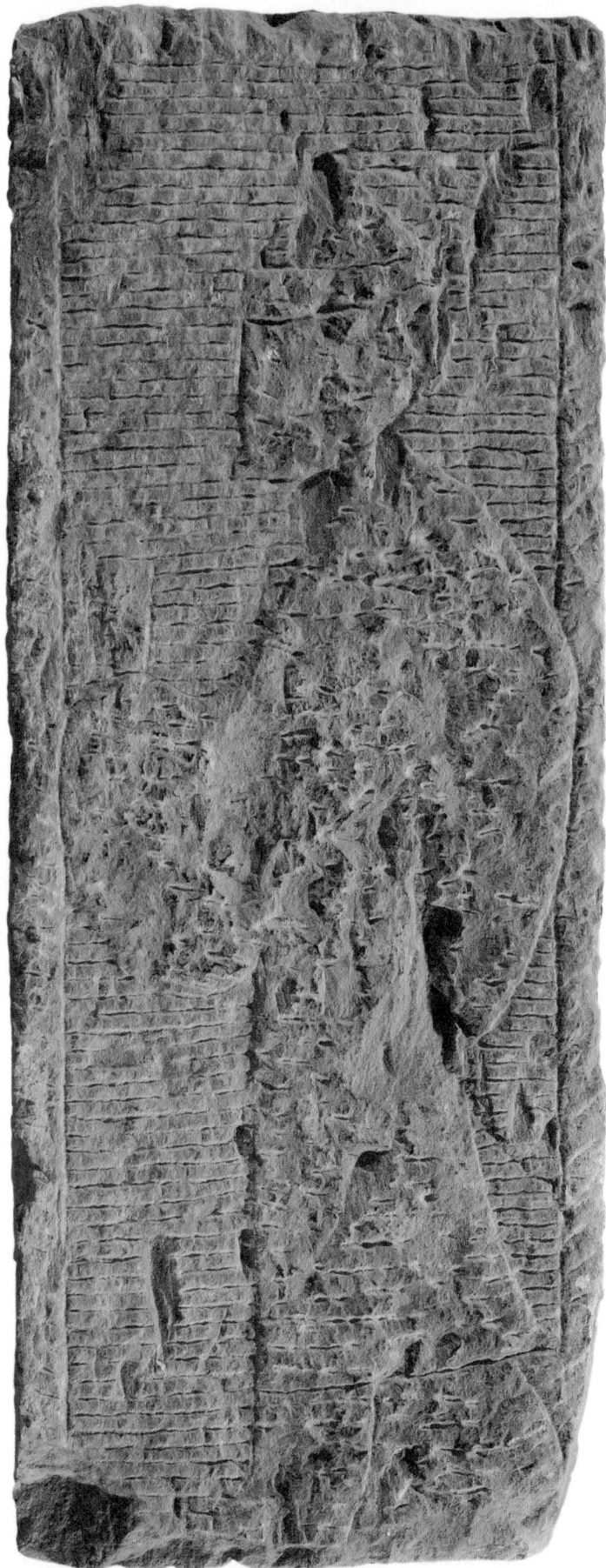

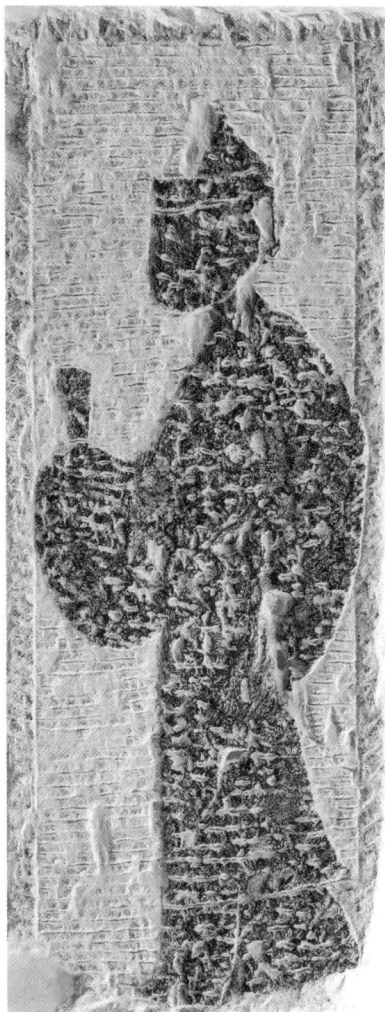

编号	HN-NY-035-11（2）
时代	东汉
原收藏号	不详
出土/征集地	南阳市高庙汉墓
出土/征集时间	1994 年 4 月
原石尺寸	33×84×33
质地	石灰石
原石情况	原石为长方体，完整。
组合关系	隔梁
画面简述	人物，执笏。戴帻，着交领大袖袍，袍下露裤。左、右、上三边有框。
著录与文献	韩玉祥、李陈广主编，南阳汉画馆编著《南阳汉代画像石墓》，郑州：河南美术出版社，1998 年，188 页，图二五。
收藏单位	南阳汉画馆

编号	HN-NY-035-11（3）
时代	东汉
原收藏号	不详
出土/征集地	南阳市高庙汉墓
出土/征集时间	1994 年 4 月
原石尺寸	33×84×33
质地	石灰石
原石情况	原石为长方体，完整。
组合关系	隔梁
画面简述	侍女，一手端熏炉，一手执便面。梳高髻，着交领大袖曳地袍。背景有云气纹。左、右、上三边有框。
著录与文献	韩玉祥、李陈广主编，南阳汉画馆编著《南阳汉代画像石墓》，郑州：河南美术出版社，1998 年，188 页，图二二。
收藏单位	南阳汉画馆

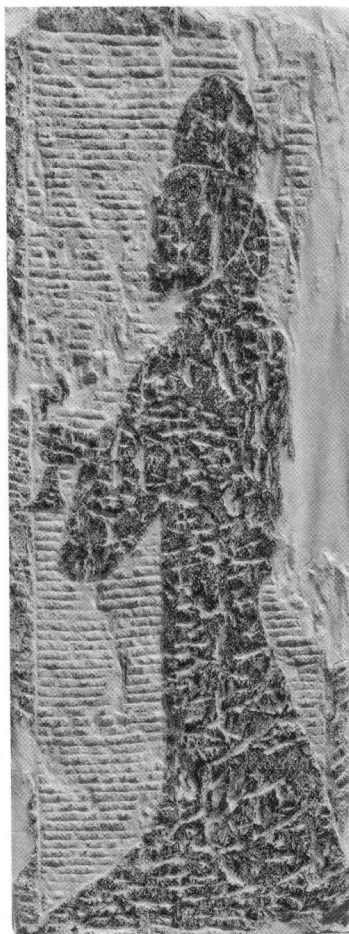

编号	HN-NY-035-11（4）
时代	东汉
原收藏号	不详
出土/征集地	南阳市高庙汉墓
出土/征集时间	1994 年 4 月
原石尺寸	33×84×33
质地	石灰石
原石情况	原石为长方体，完整。
组合关系	隔梁
画面简述	画面漫漶不清。一女子，着曳地长袍，一手持灯站立。
著录与文献	
收藏单位	南阳汉画馆

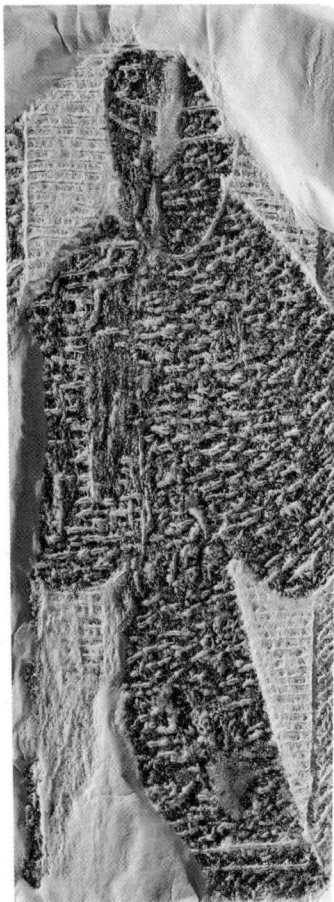

编号	HN-NY-035-12（1）
时代	东汉
原收藏号	不详
出土/征集地	南阳市高庙汉墓
出土/征集时间	1994 年 4 月
原石尺寸	33×84×31
质地	石灰石
原石情况	原石为长方体，完整。
组合关系	梁柱
画面简述	人物，戴帻，着大袖曳地袍站立。画面漫漶。四周有框。
著录与文献	韩玉祥、李陈广主编，南阳汉画馆编著《南阳汉代画像石墓》，郑州：河南美术出版社，1998年，189 页，图二六。
收藏单位	南阳汉画馆

编号	HN-NY-035-12（2）
时代	东汉
原收藏号	不详
出土/征集地	南阳市高庙汉墓
出土/征集时间	1994 年 4 月
原石尺寸	33×84×31
质地	石灰石
原石情况	原石为长方体，完整。
组合关系	梁柱
画面简述	人物，梳髻（？），着交领袍，袍下露袴。双手执棒（吾）前行。四周有框。
著录与文献	韩玉祥、李陈广主编，南阳汉画馆编著《南阳汉代画像石墓》，郑州：河南美术出版社，1998年，189 页，图二七。
收藏单位	南阳汉画馆

编号	HN-NY-035-12（3）
时代	东汉
原收藏号	不详
出土/征集地	南阳市高庙汉墓
出土/征集时间	1994 年 4 月
原石尺寸	31×84×33
质地	石灰石
原石情况	原石为长方体，完整。
组合关系	梁柱
画面简述	人物，梳高髻，着细腰曳地袍，袍下摆施缘，一手端灯，另一手动作不明。四周有框。
著录与文献	
收藏单位	南阳汉画馆

编号	HN-NY-035-12（4）
时代	东汉
原收藏号	不详
出土/征集地	南阳市高庙汉墓
出土/征集时间	1994 年 4 月
原石尺寸	31×84×33
质地	石灰石
原石情况	原石为长方体，完整。
组合关系	梁柱
画面简述	人物，戴介帻，着大袖袍，袍下露袴。双手持彗站立。四周有框。
著录与文献	韩玉祥、李陈广主编，南阳汉画馆编著《南阳汉代画像石墓》，郑州：河南美术出版社，1998年，189 页，图三二。
收藏单位	南阳汉画馆

编号	HN-NY-035-13（1）
时代	东汉
原收藏号	不详
出土/征集地	南阳市高庙汉墓
出土/征集时间	1994 年 4 月
原石尺寸	33×83×26
质地	石灰石
原石情况	原石为长方体，中断。
组合关系	梁柱
画面简述	人物，执吾。戴介帻，着右衽大袖曳地袍。左、右、上三边可见框，下沿残。
著录与文献	韩玉祥、李陈广主编，南阳汉画馆编著《南阳汉代画像石墓》，郑州：河南美术出版社，1998 年，189 页，图三一。
收藏单位	南阳汉画馆

编号	HN-NY-035-13（2）
时代	东汉
原收藏号	不详
出土/征集地	南阳市高庙汉墓
出土/征集时间	1994 年 4 月
原石尺寸	26×83×33
质地	石灰石
原石情况	原石为长方体，中断。
组合关系	梁柱
画面简述	人物，持彗。似戴尖帽的胡人。着交领长襦，下着袴。四周有框。画面中部有断痕，裂为左右两半。
著录与文献	韩玉祥、李陈广主编，南阳汉画馆编著《南阳汉代画像石墓》，郑州：河南美术出版社，1998年，189 页，图二八。
收藏单位	南阳汉画馆

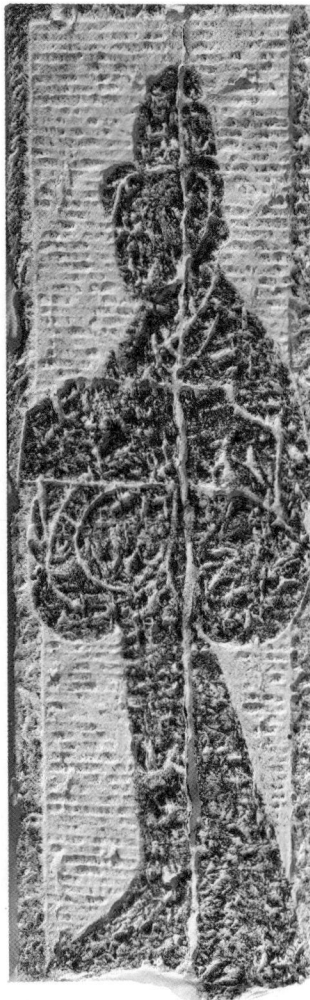

编号	HN-NY-035-13（3）
时代	东汉
原收藏号	不详
出土/征集地	南阳市高庙汉墓
出土/征集时间	1994 年 4 月
原石尺寸	26×83×33
质地	石灰石
原石情况	原石为长方体，中断。
组合关系	梁柱
画面简述	侍女，捧奁。梳高髻，着交领大袖曳地袍。左、右、上三边可见框，下沿残。画面中部有断痕，裂为左右两半。
著录与文献	韩玉祥、李陈广主编，南阳汉画馆编著《南阳汉代画像石墓》，郑州：河南美术出版社，1998 年，189 页，图二九。
收藏单位	南阳汉画馆

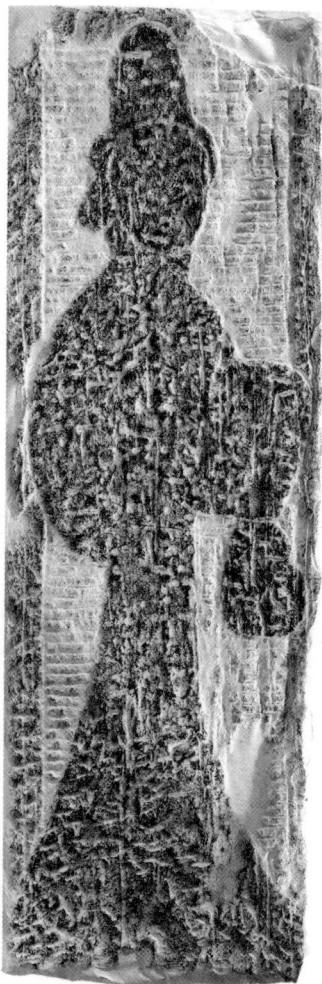

编号	HN-NY-035-14（1）
时代	东汉
原收藏号	不详
出土/征集地	南阳市高庙汉墓
出土/征集时间	1994 年 4 月
原石尺寸	26×84×33
质地	石灰石
原石情况	原石为长方体，完整，水蚀严重。
组合关系	梁柱
画面简述	侍女，提囊。梳高髻，着大袖曳地袍。左、右、上三边有框。
著录与文献	韩玉祥、李陈广主编，南阳汉画馆编著《南阳汉代画像石墓》，郑州：河南美术出版社，1998 年，189 页，图三〇。
收藏单位	南阳汉画馆

编号	HN-NY-035-14（2）
时代	东汉
原收藏号	不详
出土/征集地	南阳市高庙汉墓
出土/征集时间	1994 年 4 月
原石尺寸	26×84×33
质地	石灰石
原石情况	原石为长方体，完整，水蚀严重。
组合关系	梁柱
画面简述	侍女，捧奁。发饰漫漶不明，着大袖曳地袍。左、右、上三边有框。
著录与文献	
收藏单位	南阳汉画馆

编号	HN-NY-035-15
时代	东汉
原收藏号	不详
出土/征集地	南阳市高庙汉墓
出土/征集时间	1994 年 4 月
原石尺寸	44×127×16
质地	石灰石
原石情况	原石为长方体，完整。
组合关系	不详
画面简述	人物，戴介帻，未刻五官。手捧一物不明，跨步向前。着交领大袍，袍下露袴。
著录与文献	
收藏单位	南阳汉画馆

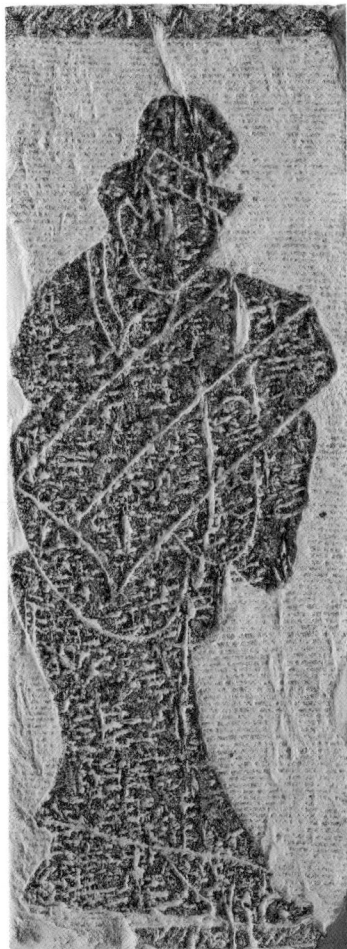

编号	HN-NY-035-16
时代	东汉
原收藏号	不详
出土/征集地	南阳市高庙汉墓
出土/征集时间	1994 年 4 月
原石尺寸	47×127×14
质地	石灰石
原石情况	原石为长方体，完整。
组合关系	墓壁
画面简述	人物，戴武弁，未刻五官。捧盾。着交领大袖袍，领口施缘，袍下露袴。上、下两侧有框。
著录与文献	韩玉祥、李陈广主编，南阳汉画馆编著《南阳汉代画像石墓》，郑州：河南美术出版社，1998年，191 页，图三八。
收藏单位	南阳汉画馆

编号	HN-NY-035-17
时代	东汉
原收藏号	不详
出土/征集地	南阳市高庙汉墓
出土/征集时间	1994 年 4 月
原石尺寸	54×130×16
质地	石灰石
原石情况	原石为长方体，完整。
组合关系	
画面简述	侍女，梳高髻，着大袖曳地袍。手捧熏炉。背景刻云气纹。右沿有框。
著录与文献	
收藏单位	南阳汉画馆

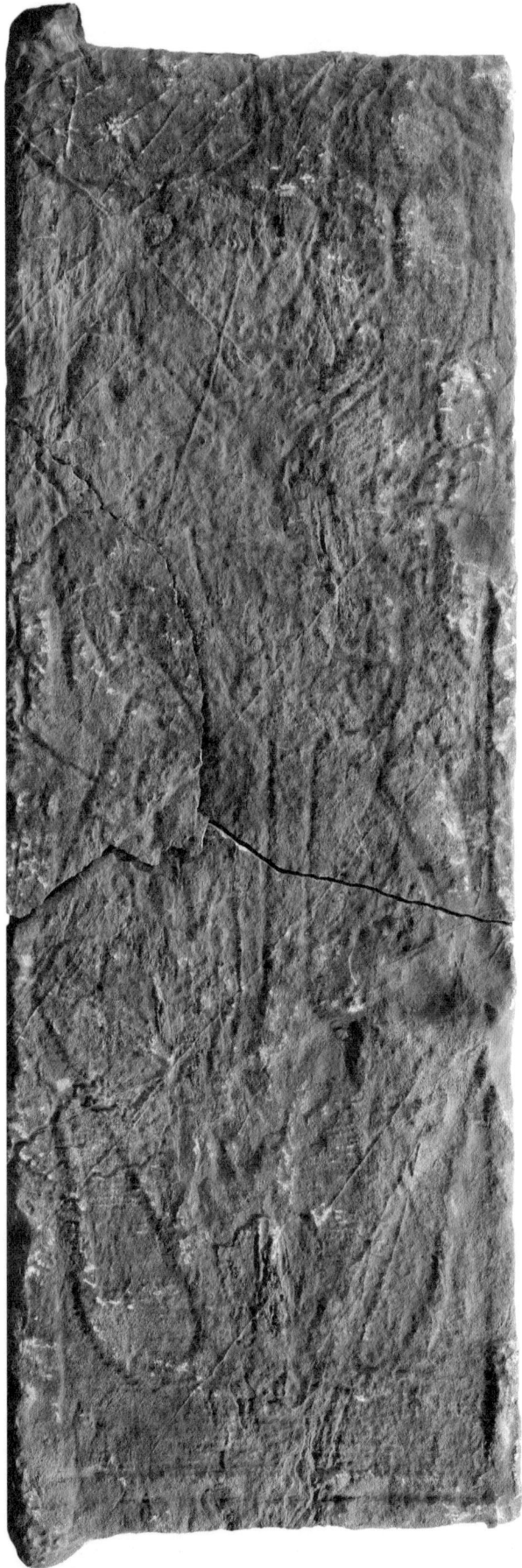

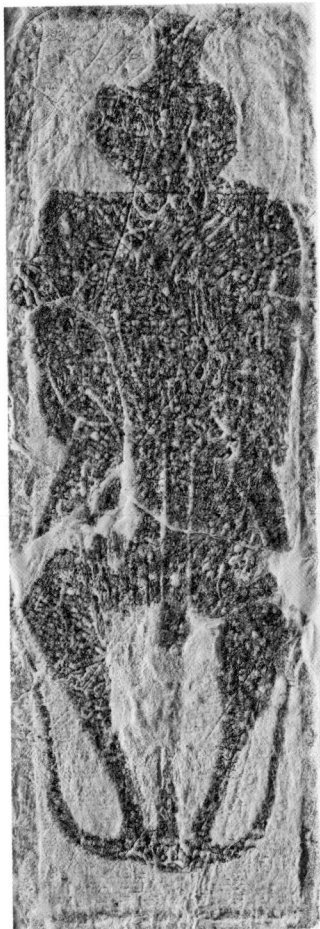

编号	HN-NY-035-18
时代	东汉
原收藏号	不详
出土/征集地	南阳市高庙汉墓
出土/征集时间	1994 年 4 月
原石尺寸	52×160×7
质地	石灰石
原石情况	原石为长方体，完整，风化严重。
组合关系	
画面简述	一力士双足踏弩，双手用力张开。画面漫漶。四周有框。
著录与文献	
收藏单位	南阳汉画馆

编号	HN-NY-035-19
时代	东汉
原收藏号	不详
出土/征集地	南阳市高庙汉墓
出土/征集时间	1994 年 4 月
原石尺寸	135×76×20
质地	石灰石
原石情况	原石为长方体，完整。
组合关系	墓壁石
画面简述	左一人戴帻，一手执吾，一手执一物不明，上着交领大袖长襦，下着袴。右侍女，双手捧奁，梳高髻，着交领大袖细腰曳地袍。背景饰云气纹。四周有框。
著录与文献	韩玉祥、李陈广主编，南阳汉画馆编著《南阳汉代画像石墓》，郑州：河南美术出版社，1998 年，191 页，图四二。
收藏单位	南阳汉画馆

HN-NY-035-19 局部（与原石等大）

编号	HN-NY-035-20
时代	东汉
原收藏号	不详
出土/征集地	南阳市高庙汉墓
出土/征集时间	1994 年 4 月
原石尺寸	88×128×18
质地	石灰石
原石情况	原石为长方体，完整。
组合关系	墓壁石
画面简述	左一人物，捧盾，戴武弁，着交领大袖曳地袍。右一人物身形较小，执吾，戴帻，着交领大袖袍，袍下露袴。背景饰云气纹。四周有框。
著录与文献	韩玉祥、李陈广主编，南阳汉画馆编著《南阳汉代画像石墓》，郑州：河南美术出版社，1998 年，191 页，图三九。
收藏单位	南阳汉画馆

编号	HN-NY-035-21
时代	东汉
原收藏号	不详
出土/征集地	南阳市高庙汉墓
出土/征集时间	1994 年 4 月
原石尺寸	134×75×9
质地	石灰石
原石情况	原石为长方体，完整。
组合关系	墓壁石
画面简述	左边人物，头戴介帻，未刻五官。着交领大袖袍，跽坐，手捧吾。右侧侍女，梳高髻，未刻五官，着交领大袖曳地袍，手触熏炉。二人似有交流，不明。二人之间地面有椭圆形物，不明。四周有框。
著录与文献	
收藏单位	南阳汉画馆

编号	HN-NY-035-22
时代	东汉
原收藏号	不详
出土/征集地	南阳市高庙汉墓
出土/征集时间	1994 年 4 月
原石尺寸	148×78×18
质地	石灰石
原石情况	原石为长方体，中断。
组合关系	墓壁壁石
画面简述	左一人物，身量较小（童仆？），着长襦、袴，双手捧一物，不明，仰首前行。左二人物，似戴介帻，未刻五官，着长襦、袴，攘袖，一手提壶，一手似执巾，跨步前行，回首似与左一人语。右一人物，梳高髻，未刻五官。着交领大袖长袍。踞坐，双手捧碗，碗沿露勺柄。画面最右端有三案，一碗。左、右、上三边有框。画面斜断为两块。
著录与文献	韩玉祥、李陈广主编，南阳汉画馆编著《南阳汉代画像石墓》，郑州：河南美术出版社，1998 年，191 页，图四一。
收藏单位	南阳汉画馆

编号	HN-NY-035-23
时代	东汉
原收藏号	不详
出土/征集地	南阳市高庙汉墓
出土/征集时间	1994 年 4 月
原石尺寸	93×128×21
质地	石灰石
原石情况	原石为长方体，完整。
组合关系	墓壁石

画面简述　画面从左至右为：1.人物，戴武弁，着交领大袖袍，下着袴，双手持矛恭立；2.人物，似戴力士冠，着交领大袖袍，腰系带（或绶？），袍下摆似交输裁出燕尾；3.人物，戴冠，着大袖曳地袍，袍下摆似交输裁出燕尾，双手执笏站立；4.人物，似戴力士冠，着长襦、袴，回首跨步站立，双手上举，动作不明；5.人物，冠式特殊，似髻上加笠，着大袖曳地袍，双手执笏，回首站立；6.人物，冠式特殊，似髻上加笠，着长襦、袴，拱手站立。背景刻云气纹。上、下、左三边有框。

著录与文献　韩玉祥、李陈广主编，南阳汉画馆编著《南阳汉代画像石墓》，郑州：河南美术出版社，1998年，191 页，图四〇。

收藏单位　南阳汉画馆

编号	HN-NY-035-24
时代	东汉
原收藏号	不详
出土/征集地	南阳市高庙汉墓
出土/征集时间	1994 年 4 月
原石尺寸	114×40×30
质地	石灰石
原石情况	原石为长方体，完整。
组合关系	不详
画面简述	画面从左至右为：一人物跽坐，手部动作不明；一人物一手执鼓桴（？），跽坐；一人物一手附耳，另一手执鼓桴；一人物双手放于口前，似吹奏乐器。皆戴冠着袍。人物上部刻垂幔纹。四周有框，上沿双边框，填刻三角形纹。
著录与文献	
收藏单位	南阳汉画馆

编号	HN-NY-035-25（1）
时代	东汉
原收藏号	不详
出土/征集地	南阳市高庙汉墓
出土/征集时间	1994 年 4 月
原石尺寸	116×32×31
质地	石灰石
原石情况	原石为长方体，完整。
组合关系	隔梁
画面简述	虎，张口，向右作爬行状。上、下、左三边可见框。
著录与文献	
收藏单位	南阳汉画馆

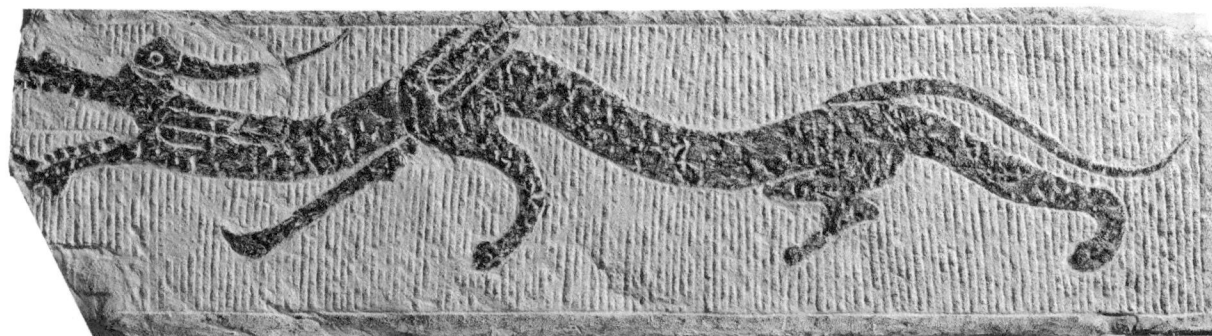

编号	HN-NY-035-25（2）
时代	东汉
原收藏号	不详
出土/征集地	南阳市高庙汉墓
出土/征集时间	1994 年 4 月
原石尺寸	118×32×33
质地	石灰石
原石情况	原石为长方体，完整。
组合关系	隔梁
画面简述	应龙，张口，可见齿，向左作爬行状。上、下、右三边可见框。
著录与文献	韩玉祥、李陈广主编，南阳汉画馆编著《南阳汉代画像石墓》，郑州：河南美术出版社，1998 年，191 页，图三七。
收藏单位	南阳汉画馆

编号	HN-NY-035-25（3）
时代	东汉
原收藏号	不详
出土/征集地	南阳市高庙汉墓
出土/征集时间	1994 年 4 月
原石尺寸	116×31×32
质地	石灰石
原石情况	原石为长方体，完整。
组合关系	隔梁
画面简述	菱形套连纹。四周有框。
著录与文献	
收藏单位	南阳汉画馆

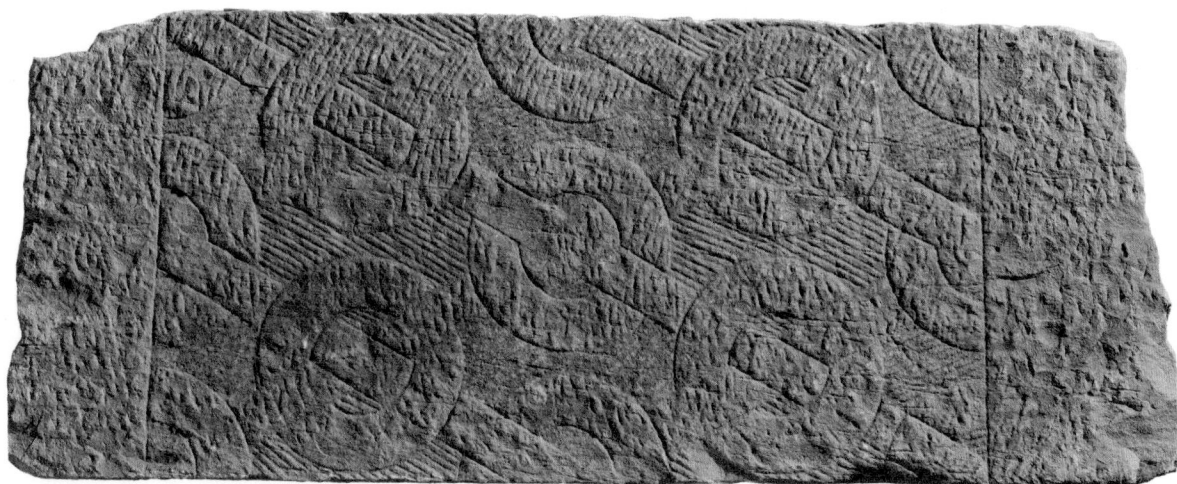

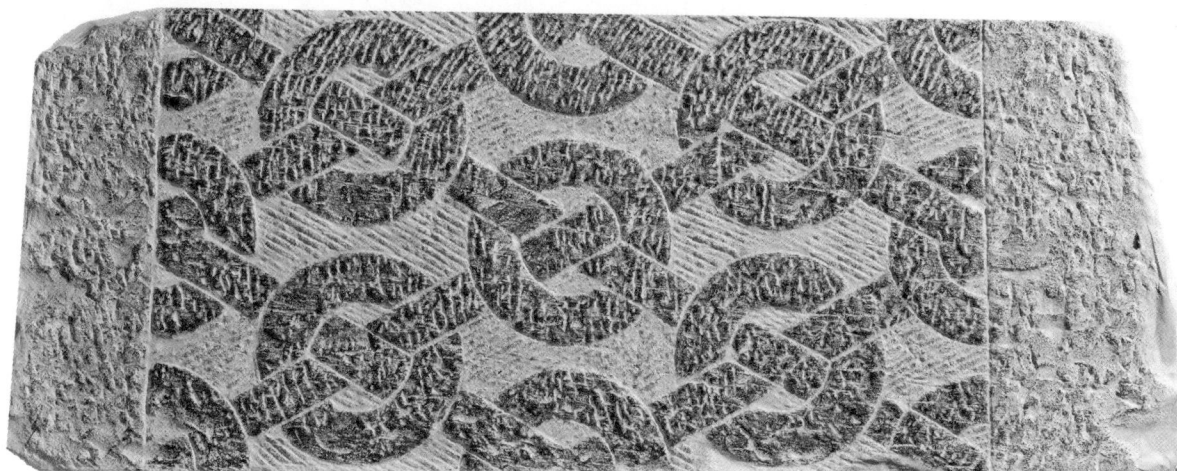

编号	HN-NY-035-26
时代	东汉
原收藏号	不详
出土/征集地	南阳市高庙汉墓
出土/征集时间	1994 年 4 月
原石尺寸	140×54×23
质地	石灰石
原石情况	原石为长方体，完整。
组合关系	墓顶盖顶石
画面简述	菱形穿环纹。两边有框。
著录与文献	韩玉祥、李陈广主编，南阳汉画馆编著《南阳汉代画像石墓》，郑州：河南美术出版社，1998年，186 页，图一〇。
收藏单位	南阳汉画馆

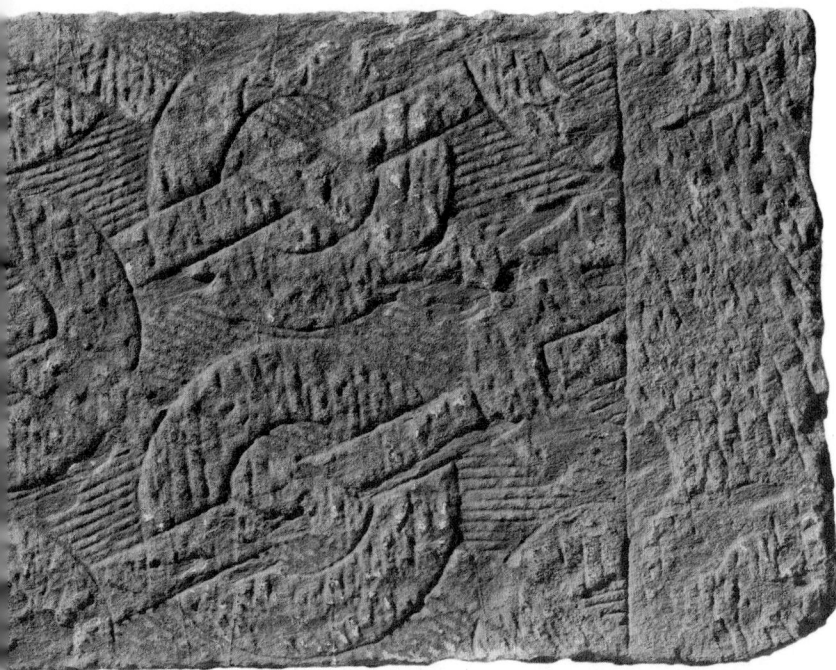

编号	HN-NY-035-27
时代	东汉
原收藏号	不详
出土/征集地	南阳市高庙汉墓
出土/征集时间	1994 年 4 月
原石尺寸	138×53×24
质地	石灰石
原石情况	原石为长方体，完整。
组合关系	墓盖顶石
画面简述	菱形穿环纹。两边有框。
著录与文献	
收藏单位	南阳汉画馆

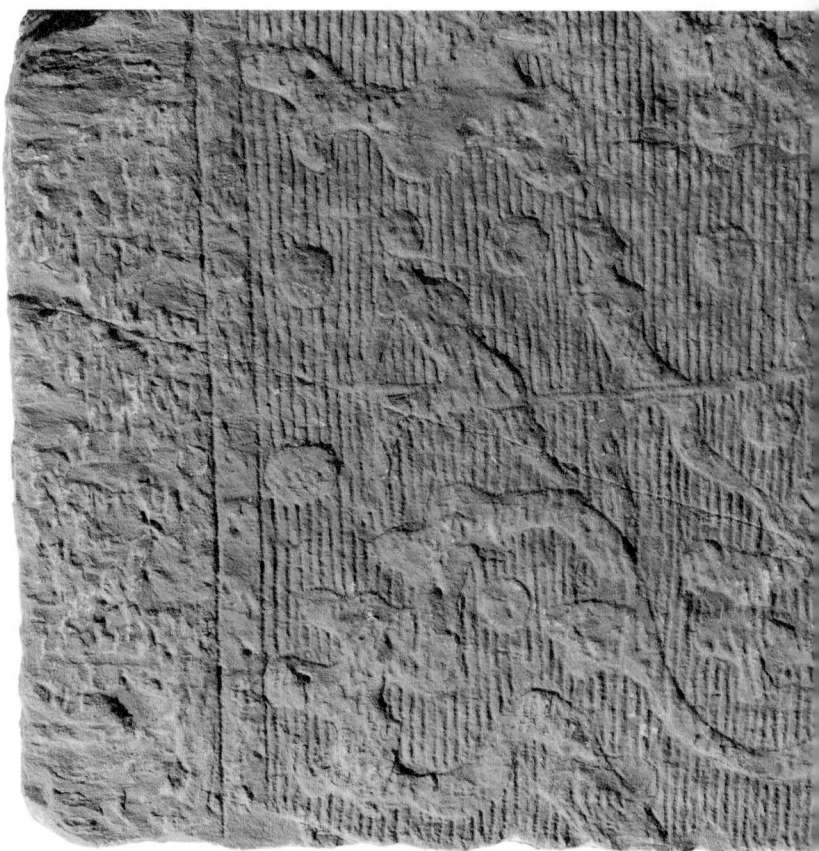

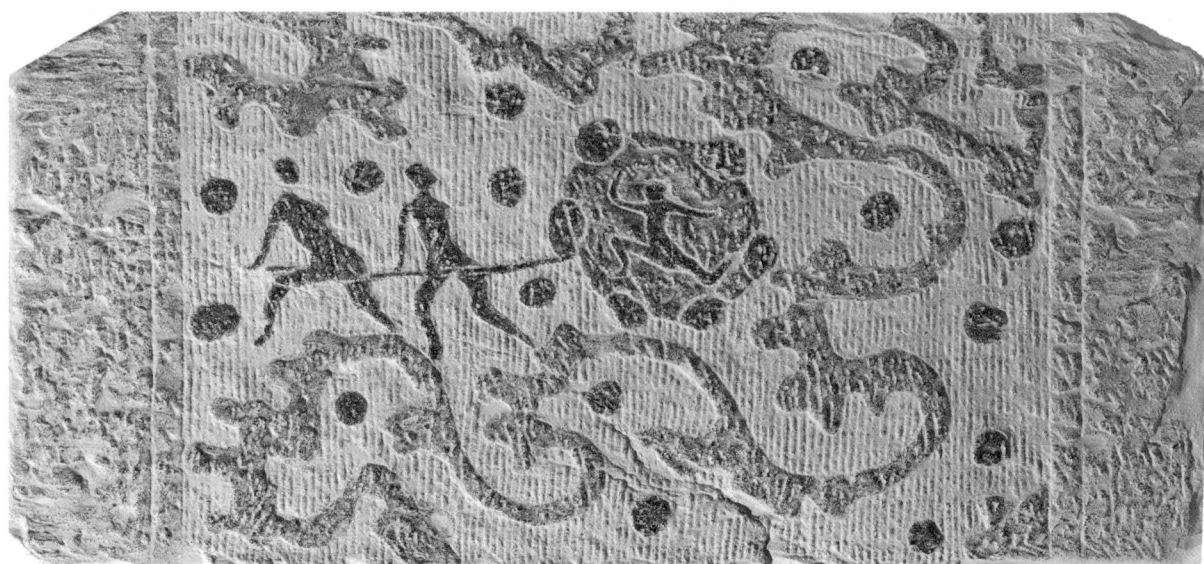

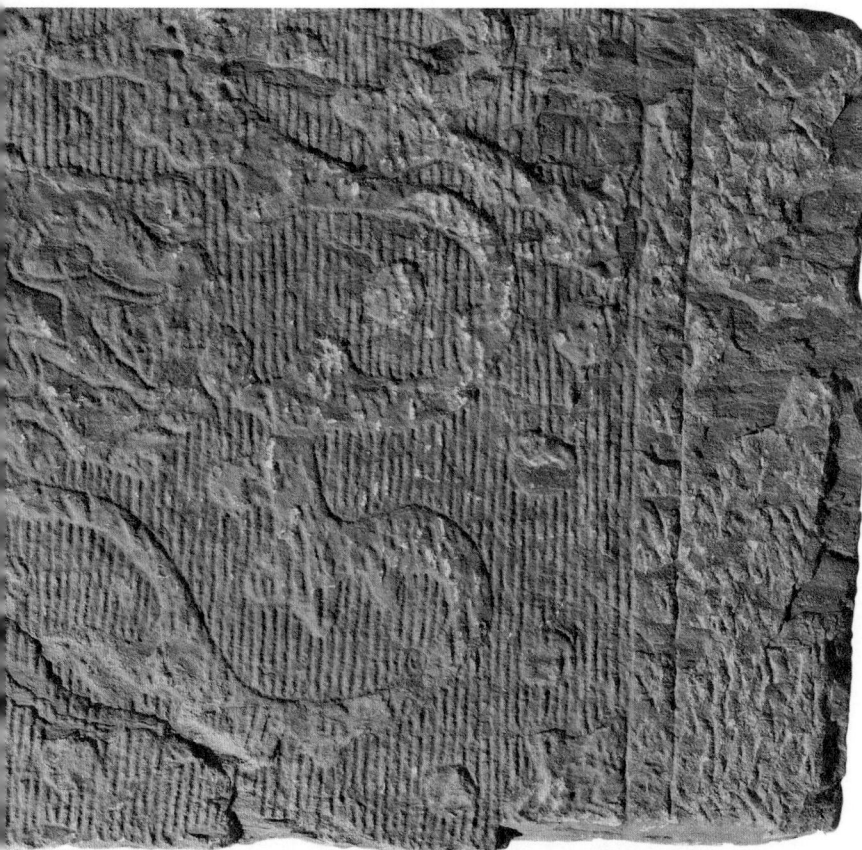

编号	HN-NY-035-28
时代	东汉
原收藏号	不详
出土/征集地	南阳市高庙汉墓
出土/征集时间	1994 年 4 月
原石尺寸	136×70×26
质地	石灰石
原石情况	原石为长方体，完整。
组合关系	中室盖顶石西端第一块
画面简述	似为星象图。刻二人物牵拉一由六星连线围成的圆形物体，中有一人跨步扬手，动作不明。画面满布云气纹，其间散布 15 颗星。
著录与文献	韩玉祥、李陈广主编，南阳汉画馆编著《南阳汉代画像石墓》，郑州：河南美术出版社，1998 年，185 页，图三。
收藏单位	南阳汉画馆

编号	HN-NY-035-29
时代	东汉
原收藏号	不详
出土/征集地	南阳市高庙汉墓
出土/征集时间	1994 年 4 月
原石尺寸	138×46×24
质地	石灰石
原石情况	原石为长方体，完整。
组合关系	墓盖顶石
画面简述	菱形穿环纹。两边有框。
著录与文献	韩玉祥、李陈广主编，南阳汉画馆编著《南阳汉代画像石墓》，郑州：河南美术出版社，1998 年，185 页，图九。
收藏单位	南阳汉画馆

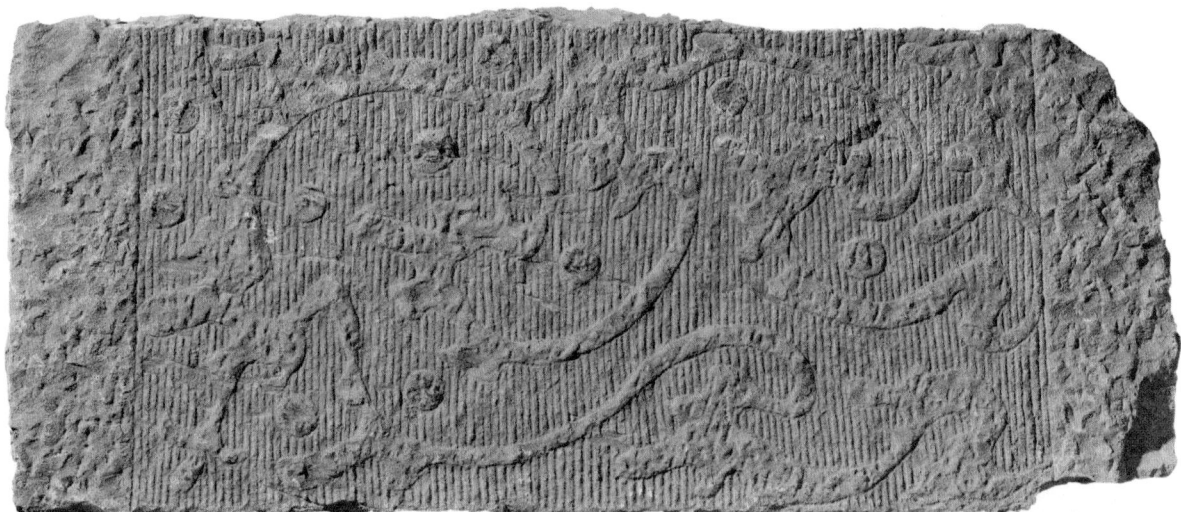

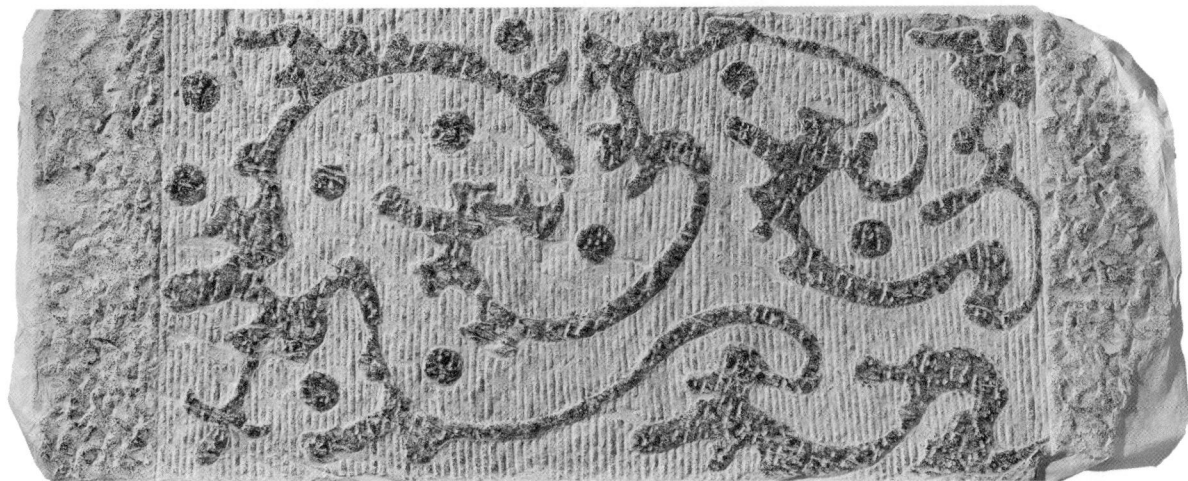

编号	HN-NY-035-30
时代	东汉
原收藏号	不详
出土/征集地	南阳市高庙汉墓
出土/征集时间	1994 年 4 月
原石尺寸	135×57×20
质地	石灰石
原石情况	原石为长方体，完整。
组合关系	墓室盖顶石
画面简述	画面散布圆点，应为星辰。背景布满云气纹。两边有框。
著录与文献	韩玉祥、李陈广主编，南阳汉画馆编著《南阳汉代画像石墓》，郑州：河南美术出版社，1998 年，186 页，图四。
收藏单位	南阳汉画馆

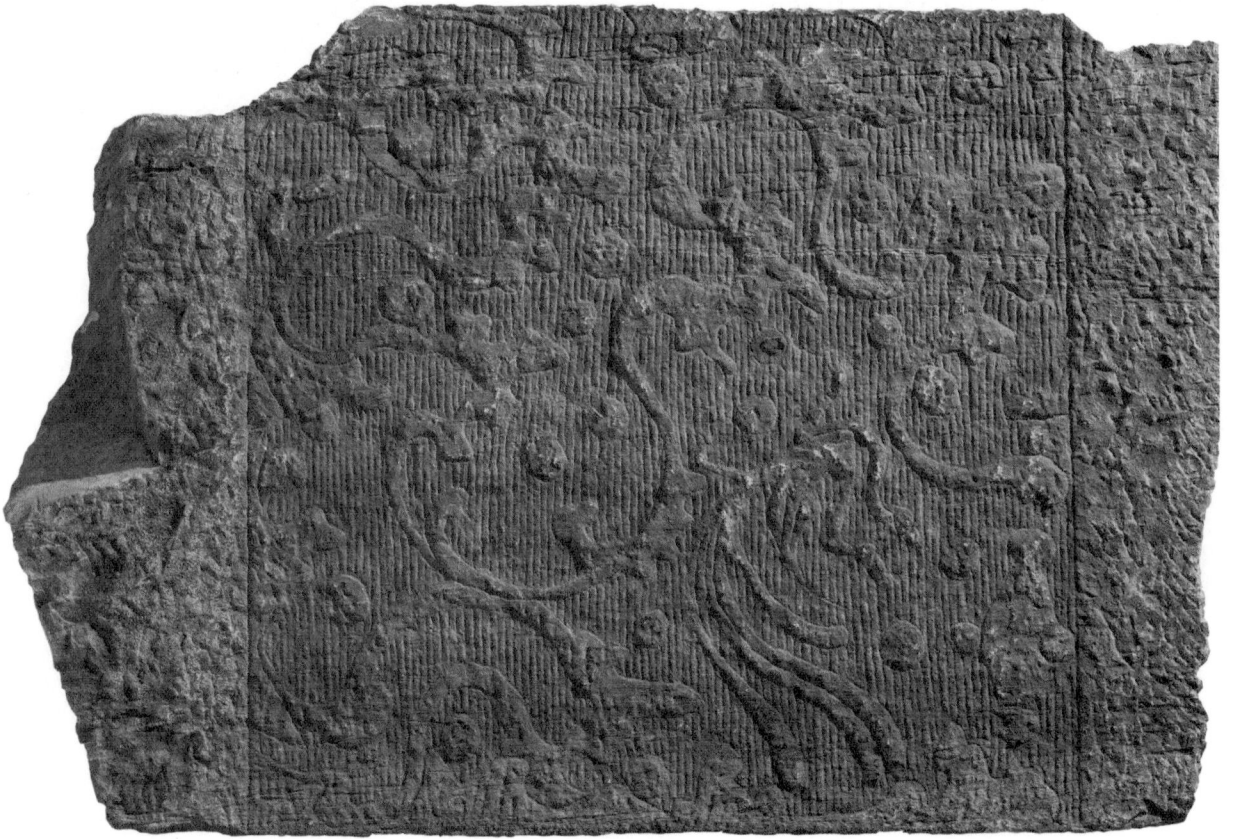

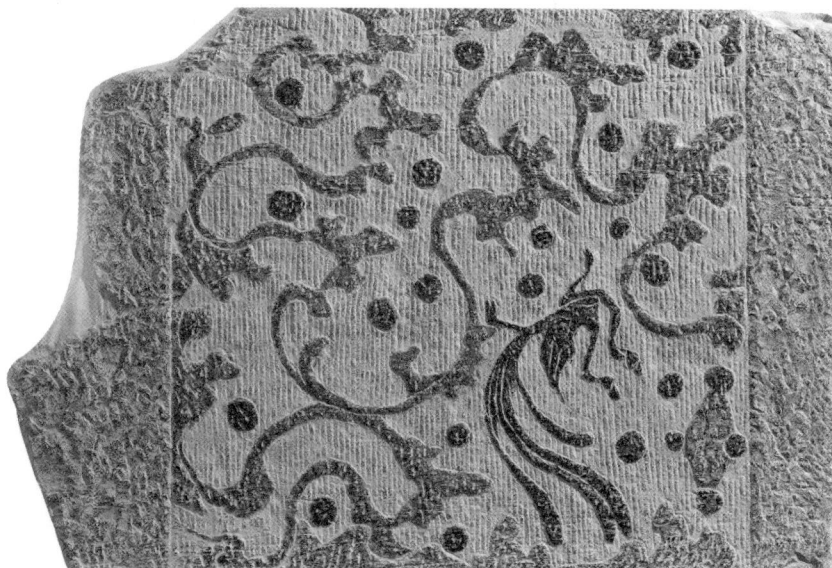

编号	HN-NY-035-31
时代	东汉
原收藏号	不详
出土/征集地	南阳市高庙汉墓
出土/征集时间	1994 年 4 月
原石尺寸	147×99×30
质地	石灰石
原石情况	原石为长方体，完整。
组合关系	南侧室盖顶石
画面简述	画面散布圆点，应为星辰。其间有一凤鸟（双头？人面？），昂首跨步。背景布满云气纹。两边有框。
著录与文献	韩玉祥、李陈广主编，南阳汉画馆编著《南阳汉代画像石墓》，郑州：河南美术出版社，1998年，185 页，图二。
收藏单位	南阳汉画馆

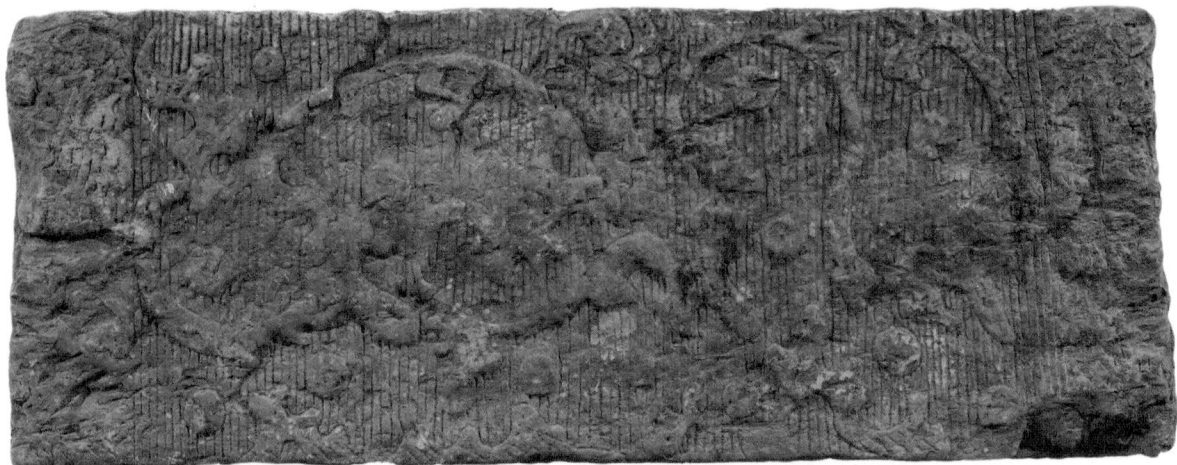

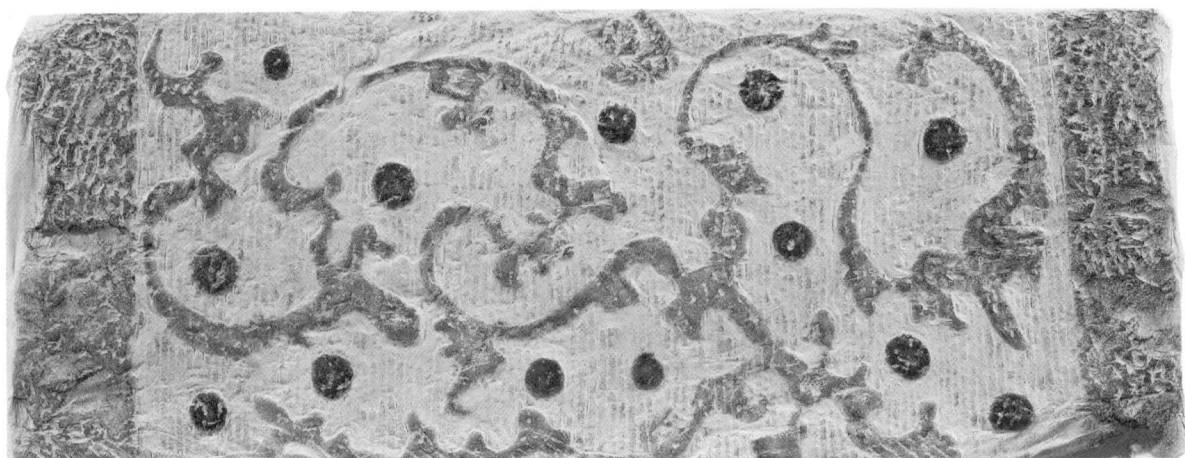

编号	HN-NY-035-32
时代	东汉
原收藏号	不详
出土/征集地	南阳市高庙汉墓
出土/征集时间	1994 年 4 月
原石尺寸	136×52×29
质地	石灰石
原石情况	原石为长方体，完整。
组合关系	墓室盖顶石
画面简述	画面散布圆点，应为星辰。背景布满云气纹。两边有框。
著录与文献	韩玉祥、李陈广主编，南阳汉画馆编著《南阳汉代画像石墓》，郑州：河南美术出版社，1998 年，186 页，图五。
收藏单位	南阳汉画馆

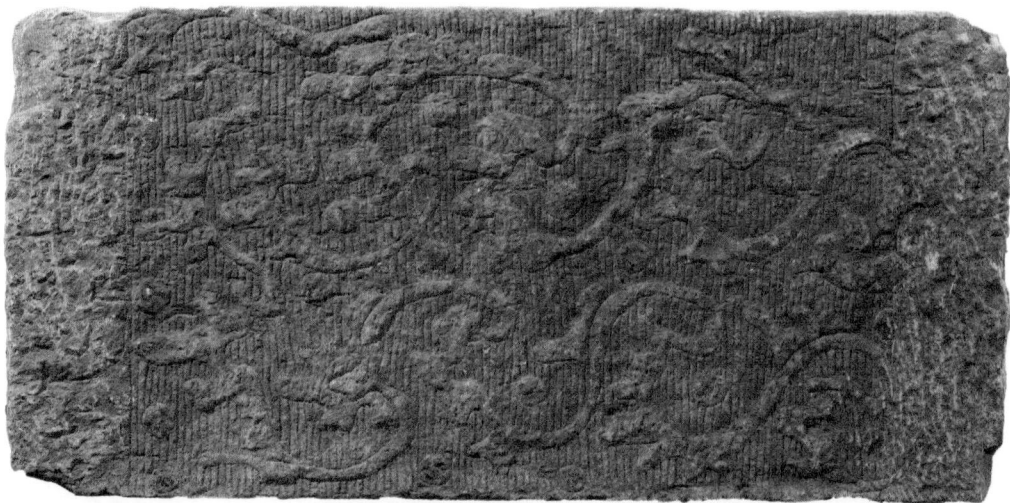

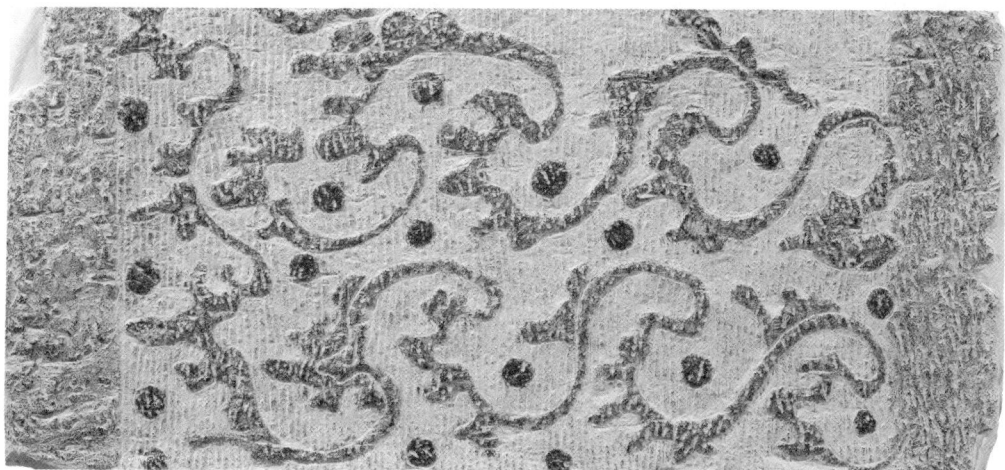

编号	HN-NY-035-33
时代	东汉
原收藏号	不详
出土/征集地	南阳市高庙汉墓
出土/征集时间	1994 年 4 月
原石尺寸	135×67×35
质地	石灰石
原石情况	原石为长方体，完整。
组合关系	墓室盖顶石
画面简述	画面散布圆点，应为星辰。背景布满云气纹。两边有框。
著录与文献	韩玉祥、李陈广主编，南阳汉画馆编著《南阳汉代画像石墓》，郑州：河南美术出版社，1998 年，186 页，图七。
收藏单位	南阳汉画馆

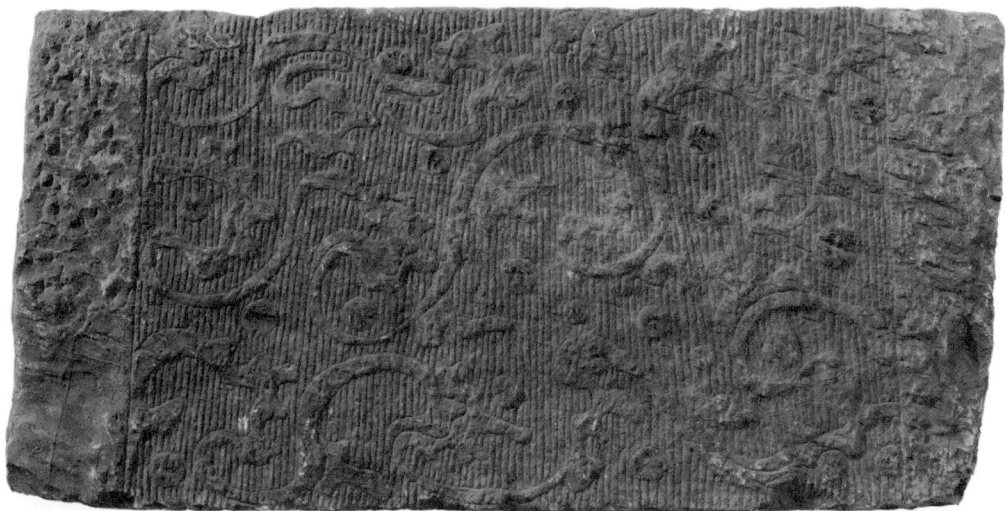

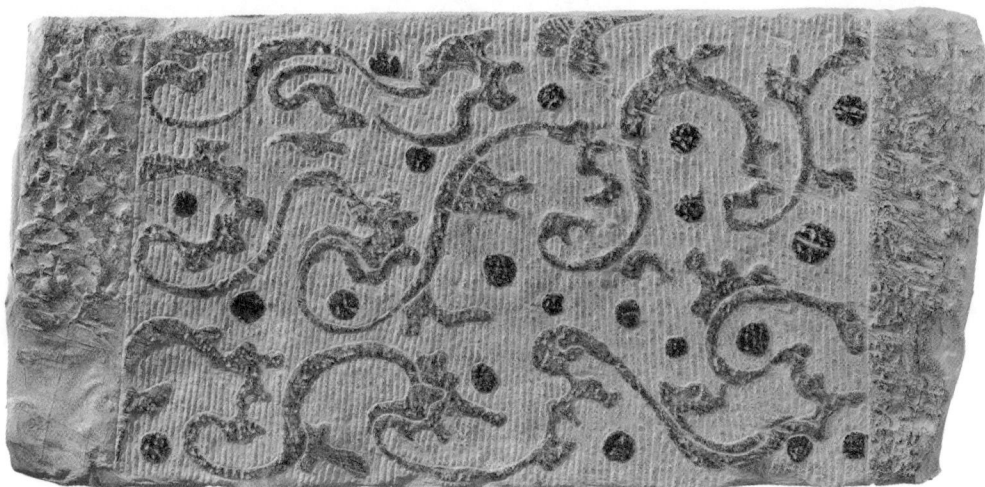

编号	HN-NY-035-34
时代	东汉
原收藏号	不详
出土/征集地	南阳市高庙汉墓
出土/征集时间	1994 年 4 月
原石尺寸	136×69×30
质地	石灰石
原石情况	原石为长方体，完整。
组合关系	墓室盖顶石
画面简述	画面散布圆点，应为星辰。背景布满云气纹。两边有框。
著录与文献	韩玉祥、李陈广主编，南阳汉画馆编著《南阳汉代画像石墓》，郑州：河南美术出版社，1998 年，186 页，图六。
收藏单位	南阳汉画馆

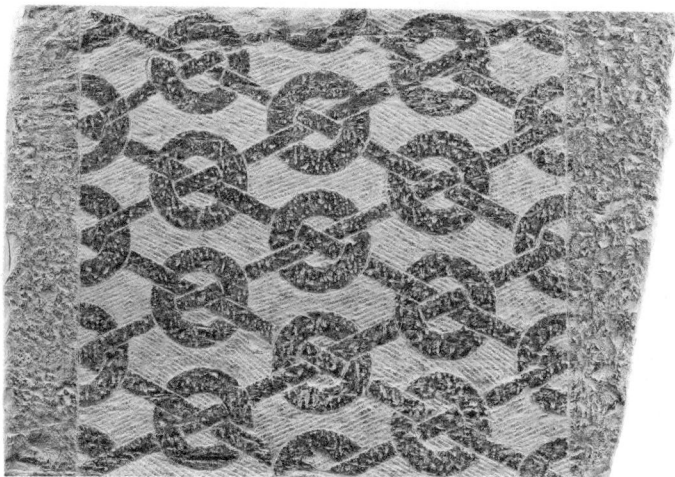

编号	HN-NY-035-35
时代	东汉
原收藏号	不详
出土/征集地	南阳市高庙汉墓
出土/征集时间	1994 年 4 月
原石尺寸	144×102×27
质地	石灰石
原石情况	原石为长方体，完整。
组合关系	墓盖顶石
画面简述	菱形穿环纹，纹样上刻麻点。两边有框。
著录与文献	韩玉祥、李陈广主编，南阳汉画馆编著《南阳汉代画像石墓》，郑州：河南美术出版社，1998 年，186 页，图一一。
收藏单位	南阳汉画馆

编号	HN-NY-035-36
时代	东汉
原收藏号	不详
出土/征集地	南阳市高庙汉墓
出土/征集时间	1994 年 4 月
原石尺寸	150×49×26
质地	石灰石
原石情况	原石为长方体，完整。
组合关系	墓盖顶石
画面简述	菱形穿环纹，两边有框。
著录与文献	
收藏单位	南阳汉画馆

补正

编号　HN-NY-035-37
时代　东汉
组合关系　不详
图片引自　韩玉祥、李陈广主编，南阳汉画馆
编著《南阳汉代画像石墓》，郑州：
河南美术出版社，1998 年。

编号	HN-NY-036-01
时代	东汉
原收藏号	不详
出土/征集地	南阳市辛店乡熊营画像石墓
出土/征集时间	1989 年 4 月
原石尺寸	185×40×34
质地	石灰石
原石情况	原石为长方体，完整。
组合关系	墓室西门楣正面
画面简述	左起为力士，着长襦袴，弓步前趋，双臂张开，袖口卷扬，平端长矛刺前；力士，似戴面具，着长襦袴，袖口卷扬，腾身向后，徒手却矛；力士，似戴面具，着长襦袴，袖口卷扬，弓步前趋，平端长矛；一虎，张口扬尾前扑；布有云气纹。上、下、左三边有框。
著录与文献	南阳市文物研究所：《河南省南阳县辛店乡熊营画像石墓》，载《中原文物》1996 年第 3 期，14 页，图十三；韩玉祥、李陈广主编，南阳汉画馆编著《南阳汉代画像石墓》，郑州：河南美术出版社，1998 年，160 页，图三。
收藏单位	南阳汉画馆

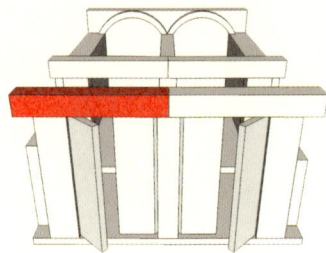

HN-NY-036-01 局部（与原石等大）

编号	HN-NY-036-02
时代	东汉
原收藏号	不详
出土/征集地	南阳市辛店乡熊营画像石墓
出土/征集时间	1989 年 4 月
原石尺寸	190×40×41
质地	石灰石
原石情况	原石为长方体，完整。
组合关系	墓室东门楣正面
画面简述	画面从左至右为：1. 一熊，回首，向左奔逃；2. 一狮，张口向右；3. 一怪兽，低首，夹尾蹲坐；4. 一力士，一手执钺，跨步击牛；5. 牛，低首向左冲顶。形象四周刻云气纹。三边有框。
著录与文献	南阳市文物研究所：《河南省南阳县辛店乡熊营画像石墓》，载《中原文物》1996 年第 3 期，14 页，图十二；韩玉祥、李陈广主编，南阳汉画馆编著《南阳汉代画像石墓》，郑州：河南美术出版社，1998 年，160 页，图二。
收藏单位	南阳汉画馆

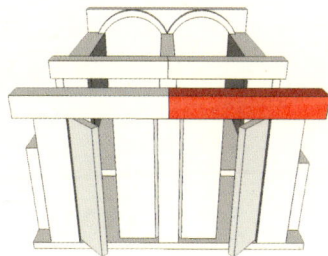

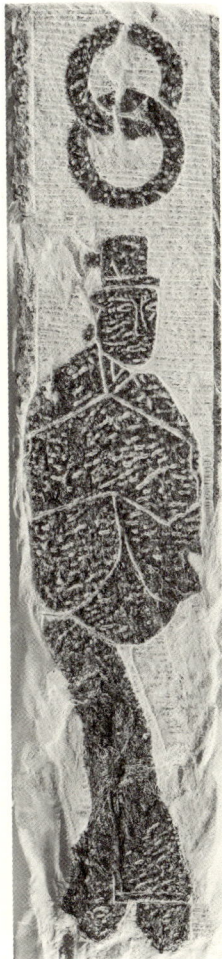

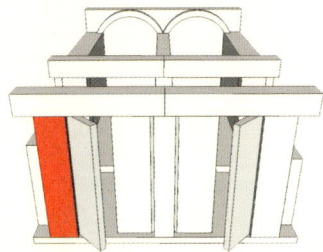

编号	HN-NY-036-03（1）
时代	东汉
原收藏号	不详
出土/征集地	南阳市辛店乡熊营画像石墓
出土/征集时间	1989 年 4 月
原石尺寸	33×151×33
质地	石灰石
原石情况	原石为长方体，石下端有残损。
组合关系	墓门西立柱正面
画面简述	上为双环套连。下一人戴冠，着交领大袖袍，领口、袍下摆施缘，袍下露袴。双手拥盾站立。左、右两边有框。
著录与文献	
收藏单位	南阳汉画馆

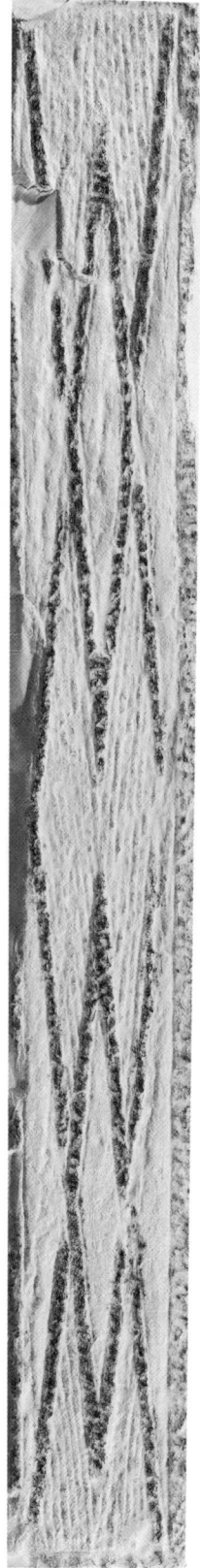

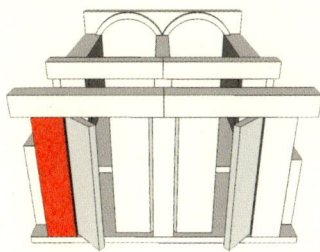

编号	HN-NY-036-03（2）
时代	东汉
原收藏号	不详
出土/征集地	南阳市辛店乡熊营画像石墓
出土/征集时间	1989 年 4 月
原石尺寸	19×151×37
质地	石灰石
原石情况	原石为长方体，石下端有残损。
组合关系	墓门西立柱东侧面
画面简述	菱形套连纹，四周有框。
著录与文献	
收藏单位	南阳汉画馆

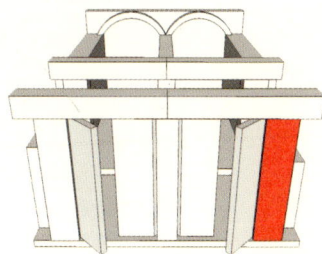

编号	HN-NY-036-04（1）
时代	东汉
原收藏号	不详
出土/征集地	南阳市辛店乡熊营画像石墓
出土/征集时间	不详
原石尺寸	38×150×30
质地	石灰石
原石情况	原石为长方体，完整。
组合关系	墓门东立柱正面
画面简述	上为双环套连。下一人戴武弁，着交领大袖袍，领口、袍下摆施缘，袍下露袴。双手拥盾站立。四周有框。
著录与文献	南阳市文物研究所：《河南省南阳县辛店乡熊营画像石墓》，载《中原文物》1996年第3期，14页，图十四；韩玉祥、李陈广主编，南阳汉画馆编著《南阳汉代画像石墓》，郑州：河南美术出版社，1998年，160页，图四。
收藏单位	南阳汉画馆

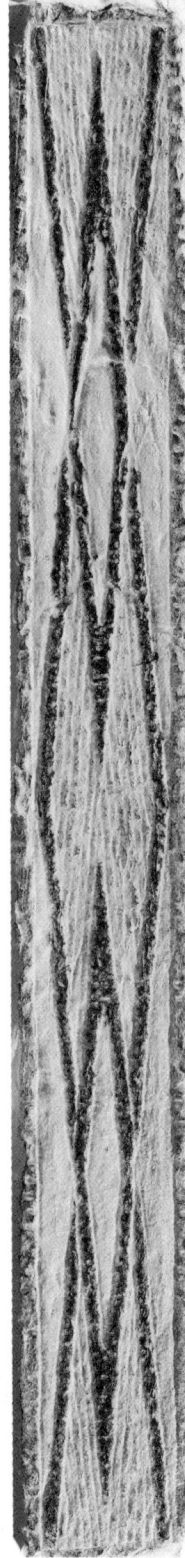

编号	HN-NY-036-04（2）
时代	东汉
原收藏号	不详
出土/征集地	南阳市辛店乡熊营画像石墓
出土/征集时间	不详
原石尺寸	18×150×40
质地	石灰石
原石情况	原石为长方体，完整。
组合关系	墓门东立柱西侧面
画面简述	菱形套连纹，四周有框。
著录与文献	
收藏单位	南阳汉画馆

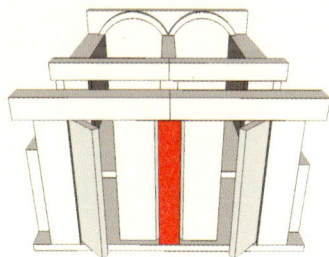

编号	HN-NY-036-05（1）
时代	东汉
原收藏号	不详
出土/征集地	南阳市辛店乡熊营画像石墓
出土/征集时间	不详
原石尺寸	26×150×40
质地	石灰石
原石情况	原石为长方体，中部有水蚀孔洞。
组合关系	墓门中立柱正面
画面简述	上为双环套连。下一人，戴介帻，着交领大袖袍，下露袴、履，双手持彗站立。四周有框。
著录与文献	南阳市文物研究所：《河南省南阳县辛店乡熊营画像石墓》，载《中原文物》1996 年第 3 期，14 页，图十七；韩玉祥、李陈广主编，南阳汉画馆编著《南阳汉代画像石墓》，郑州：河南美术出版社，1998 年，160 页，图五。
收藏单位	南阳汉画馆

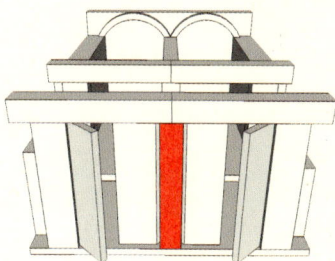

编号	HN-NY-036-05（2）
时代	东汉
原收藏号	不详
出土/征集地	南阳市辛店乡熊营画像石墓
出土/征集时间	不详
原石尺寸	27×152×34
质地	石灰石
原石情况	原石为长方体，中部有水蚀孔洞。
组合关系	墓门中立柱西侧面
画面简述	菱形套连纹，四周有框。
著录与文献	
收藏单位	南阳汉画馆

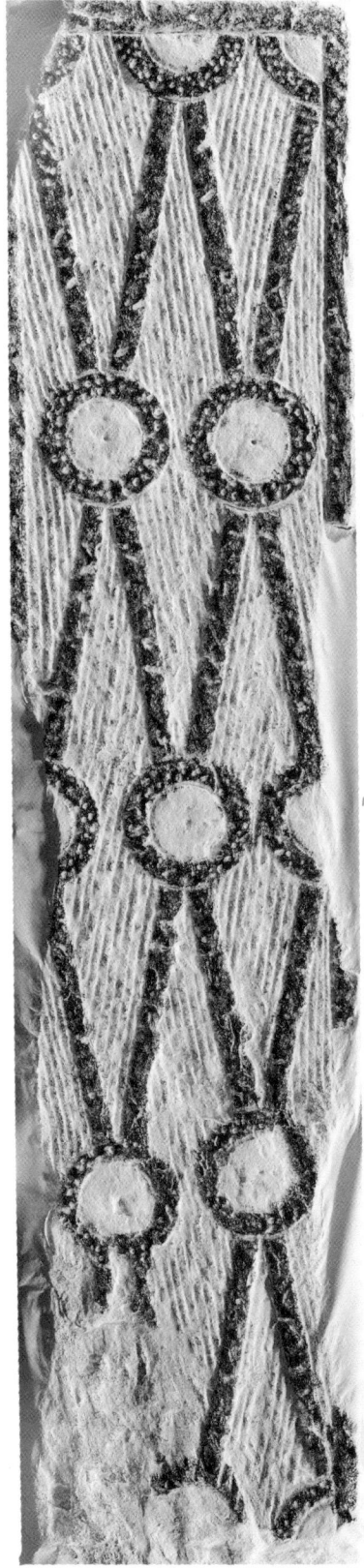

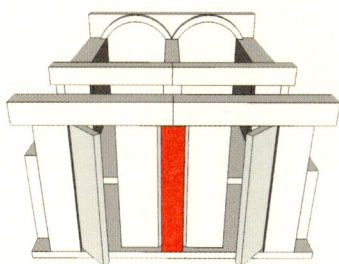

编号	HN-NY-036-05（3）
时代	东汉
原收藏号	不详
出土/征集地	南阳市辛店乡熊营画像石墓
出土/征集时间	不详
原石尺寸	33×150×40
质地	石灰石
原石情况	原石为长方体，中部有水蚀孔洞。
组合关系	墓门中立柱北侧面
画面简述	菱形连环纹，纹样上刻麻点。四周有框。
著录与文献	南阳汉代画像石编辑委员会编《南阳汉代画像石》，北京：文物出版社，1985 年，图 543。
收藏单位	南阳汉画馆

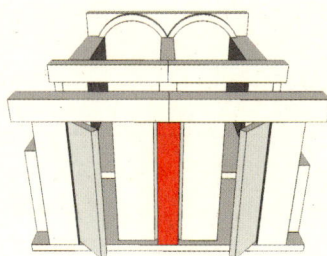

编号	HN-NY-036-05（4）
时代	东汉
原收藏号	不详
出土/征集地	南阳市辛店乡熊营画像石墓
出土/征集时间	不详
原石尺寸	27×152×34
质地	石灰石
原石情况	原石为长方体，中部有水蚀孔洞。
组合关系	墓门中立柱东侧面
画面简述	菱形套连纹，四周有框。
著录与文献	
收藏单位	南阳汉画馆

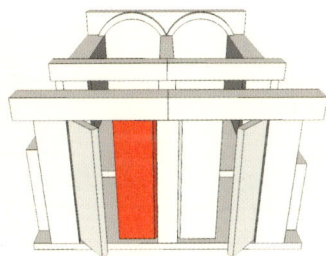

编号	HN-NY-036-07（1）
时代	东汉
原收藏号	不详
出土/征集地	南阳市辛店乡熊营画像石墓
出土/征集时间	不详
原石尺寸	55×157×7
质地	石灰石
原石情况	原石为长方体，完整。
组合关系	墓西门东门扉正面
画面简述	上一白虎，前肢踞地。中为铺首衔环，环从鼻穿过。下一熊，张口回首奔逃，左侧刻柏（？）树，右侧刻嘉禾。四周有框。
著录与文献	南阳市文物研究所：《河南省南阳县辛店乡熊营画像石墓》，载《中原文物》1996年第3期，15页，图十八；韩玉祥、李陈广主编，南阳汉画馆编著《南阳汉代画像石墓》，郑州：河南美术出版社，1998年，160页，图六。
收藏单位	南阳汉画馆

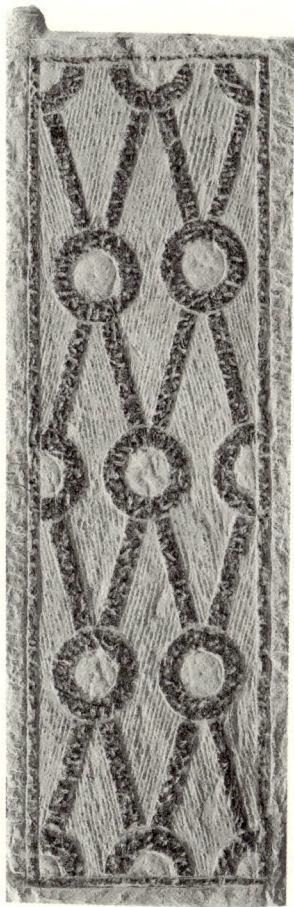

编号	HN-NY-036-07（2）
时代	东汉
原收藏号	不详
出土/征集地	南阳市辛店乡熊营画像石墓
出土/征集时间	不详
原石尺寸	55×157×7
质地	石灰石
原石情况	原石为长方体，完整。
组合关系	墓西门东门扉背面
画面简述	菱形连环纹，四周有框。
著录与文献	
收藏单位	南阳汉画馆

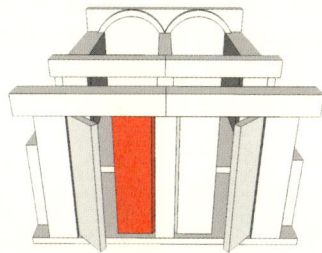

编号	HN-NY-036-10（1）
时代	东汉
原收藏号	不详
出土/征集地	南阳市辛店乡熊营画像石墓
出土/征集时间	不详
原石尺寸	199×32×44
质地	石灰石
原石情况	原石为长方体，完整。
组合关系	前室过梁
画面简述	画面为左右对称构图。从左至右为：1、2. 人物身着过膝长袍，似拱手对语；3. 一人物，似儿童，向右站立；4、5. 两人，执鼓桴，跨步欲击建鼓；6. 建鼓，上有羽葆；7. 一人物，似儿童，面向左，身体前倾；8、9. 两人物身着过膝长袍，动作不明。四周有框。
著录与文献	南阳市文物研究所：《河南省南阳县辛店乡熊营画像石墓》，载《中原文物》1996 年第 3 期，16 页，图二十五；韩玉祥、李陈广主编，南阳汉画馆编著《南阳汉代画像石墓》，郑州：河南美术出版社，1998 年，162 页，图一五。
收藏单位	南阳汉画馆

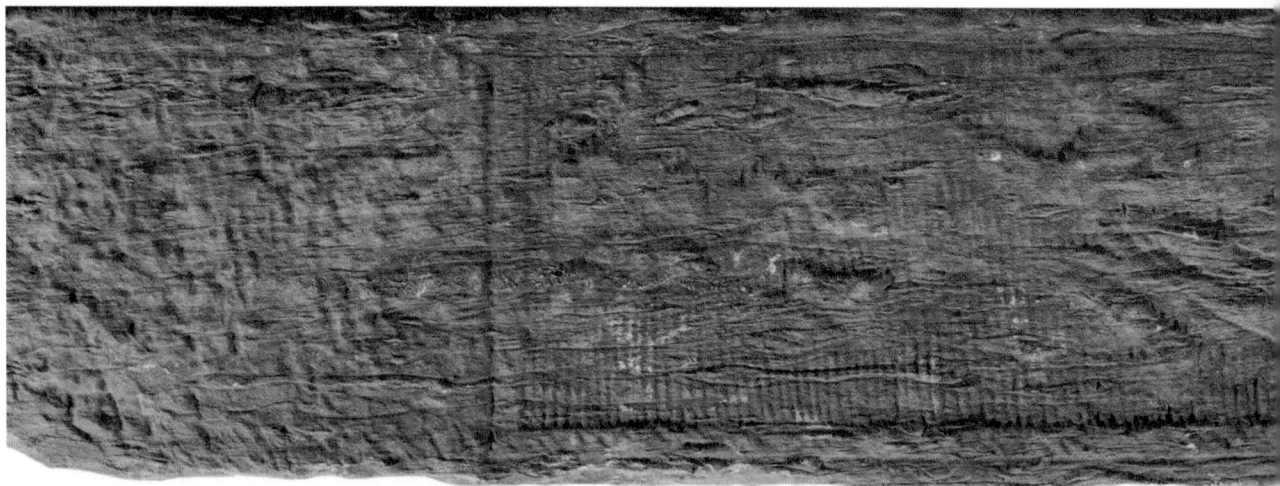

编号	HN-NY-036-10（2）
时代	东汉
原收藏号	不详
出土/征集地	南阳市辛店乡熊营画像石墓
出土/征集时间	不详
原石尺寸	199×32×44
质地	石灰石
原石情况	原石为长方体，完整。

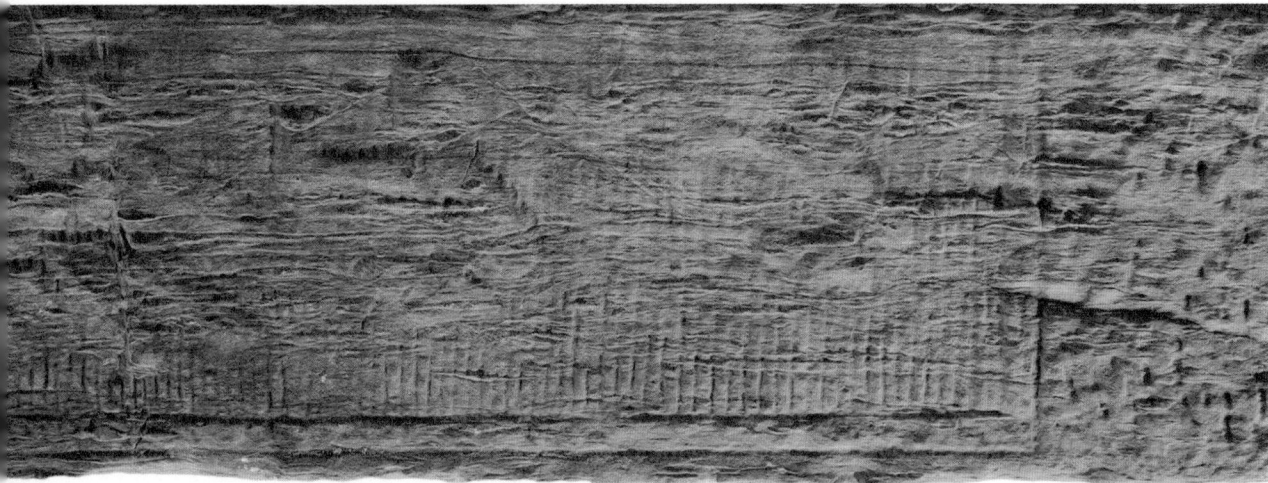

组合关系	前室过梁
画面简述	似为乐舞场景，共六个人物，两两一组，共分为三组。左一左二人物似踞坐，双手置于胸前，似吹奏乐器。中间两人跨步向左，似表演舞蹈，前一人衣有带状物飘于身后。右一右二人物似踞坐，一手前伸，动作不明。四周有框。
著录与文献	南阳市文物研究所：《河南省南阳县辛店乡熊营画像石墓》，载《中原文物》1996 年第 3 期，16页，图二十七；韩玉祥、李陈广主编，南阳汉画馆编著《南阳汉代画像石墓》，郑州：河南美术出版社，1998 年，200 页，图一六。
收藏单位	南阳汉画馆

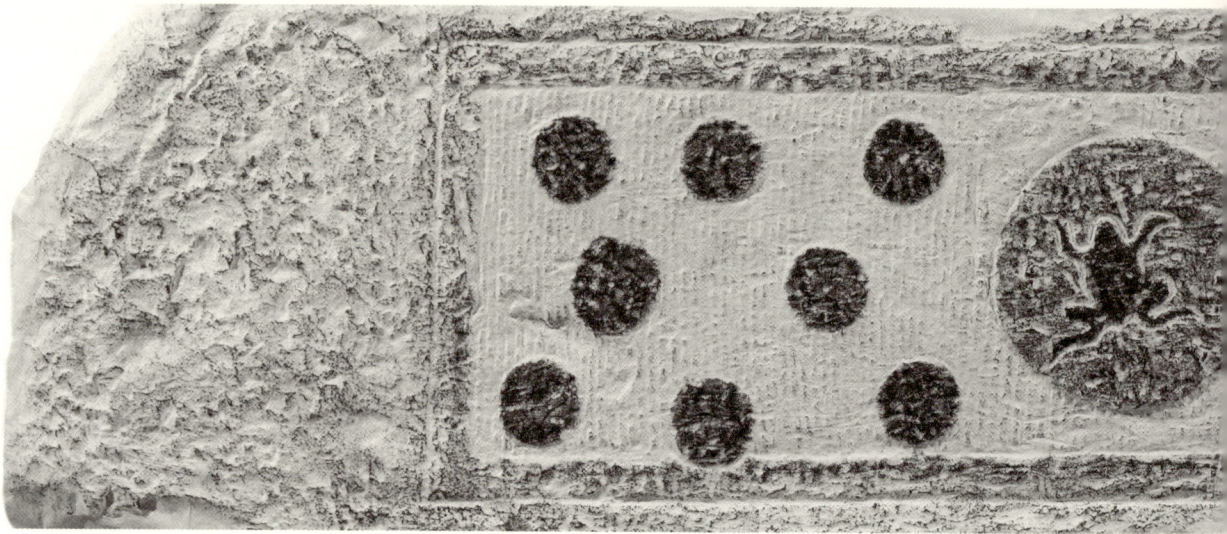

编号	HN-NY-036-10（3）
时代	东汉
原收藏号	不详
出土/征集地	南阳市辛店乡熊营画像石墓
出土/征集时间	不详
原石尺寸	199×44×32
质地	石灰石

原石情况	原石为长方体，完整。
组合关系	前室过梁底面
画面简述	天象。从左至右为：八星；月轮，内有蟾蜍；八星，排位三行；日轮，内有阳乌。四周有框。
著录与文献	南阳市文物研究所：《河南省南阳县辛店乡熊营画像石墓》，载《中原文物》1996 年第 3 期，16页，图二十六。
收藏单位	南阳汉画馆

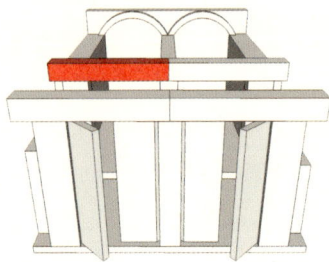

编号	HN-NY-036-11
时代	东汉
原收藏号	不详
出土/征集地	南阳市辛店乡熊营画像石墓
出土/征集时间	1989年4月
原石尺寸	183×36×36
质地	石灰石
原石情况	原石为长方体，完整。

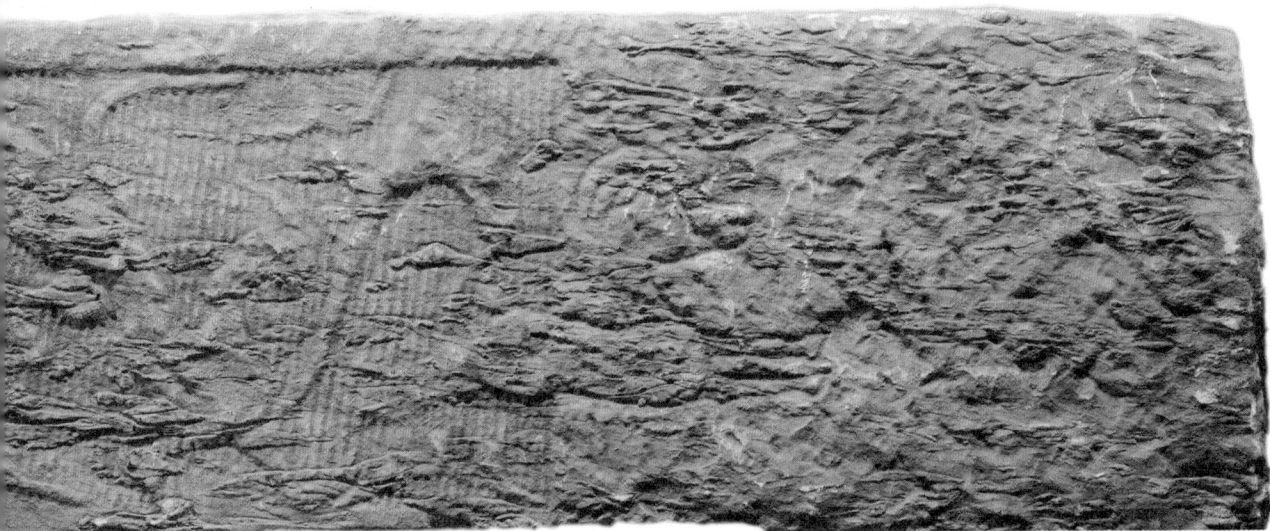

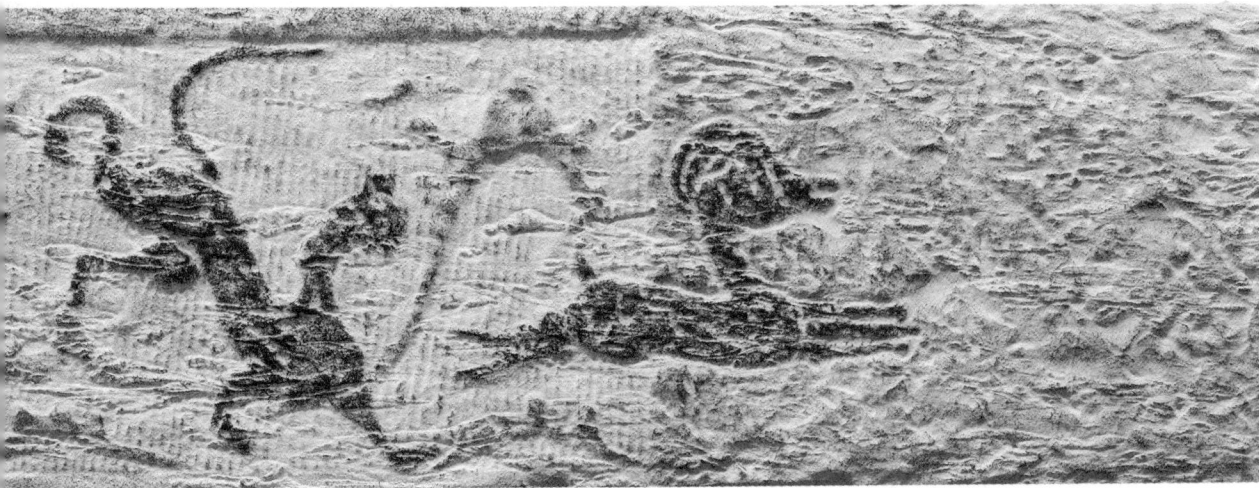

组合关系	西主室门楣正面
画面简述	画面从左至右为：一神兽，人面兽神有翼，尾部分叉；一人面兽身灵怪；一虎，后肢腾空；最右一盘角羊，向右奔跑。上、下、右三边有框。
著录与文献	南阳市文物研究所：《河南省南阳县辛店乡熊营画像石墓》，载《中原文物》1996 年第 3 期，15 页，图二十一；韩玉祥、李陈广主编，南阳汉画馆编著《南阳汉代画像石墓》，郑州：河南美术出版社，1998 年，162 页，图一一。
收藏单位	南阳汉画馆

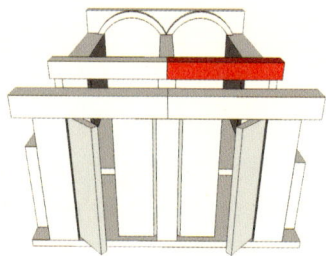

编号	HN-NY-036-12
时代	东汉
原收藏号	不详
出土/征集地	南阳市辛店乡熊营画像石墓
出土/征集时间	不详
原石尺寸	167×36×31
质地	石灰石
原石情况	原石为长方体，完整。

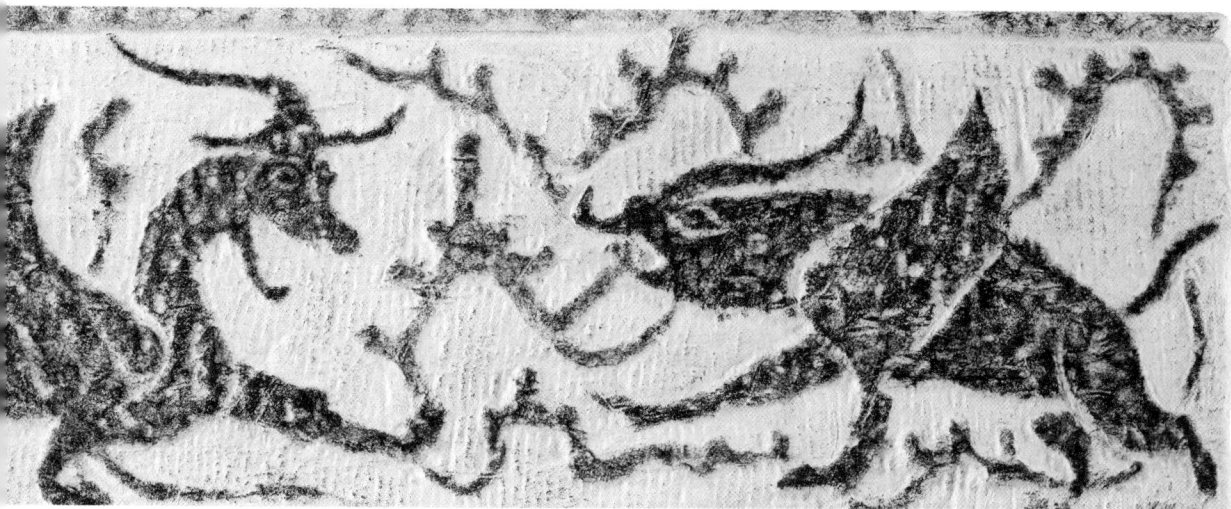

组合关系　东主室门楣正面

画面简述　画面左方一龙形灵怪，低首张口，引颈前趋，尾端分二叉；中间一应龙，头顶圆形凸起上生一长角，横生二短角，尾端分二叉，张口前趋；右方一灵怪，独角有翼，长吻短颈，圆目张口而立。上、下、右三边有框。

著录与文献　南阳市文物研究所：《河南省南阳县辛店乡熊营画像石墓》，载《中原文物》1996 年第 3 期，15页，图二十；韩玉祥、李陈广主编，南阳汉画馆编著《南阳汉代画像石墓》，郑州：河南美术出版社，1998 年，161 页，图一〇。

收藏单位　南阳汉画馆

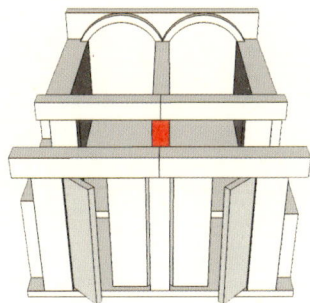

编号	HN-NY-036-15（1）
时代	东汉
原收藏号	不详
出土/征集地	南阳市辛店乡熊营画像石墓
出土/征集时间	1989 年 4 月
原石尺寸	31×136×41
质地	石灰石
原石情况	原石为长方体，完整。
组合关系	主室门中柱正面
画面简述	画面上方为二环套连纹；下方主体为二半人半龙神交尾，左侧为女神，戴硬质帻，一手捧月，一手执华盖；右侧为男神，戴冠，一手捧日，一手执华盖，与女神相对。左、右、上三边有框。
著录与文献	南阳市文物研究所：《河南省南阳县辛店乡熊营画像石墓》，载《中原文物》1996 年第 3 期，15 页，图二十三；韩玉祥、李陈广主编，南阳汉画馆编著《南阳汉代画像石墓》，郑州：河南美术出版社，1998 年，162 页，图一二。
收藏单位	南阳汉画馆

编号　HN-NY-036-06（1）
时代　东汉
组合关系　墓西门西门扉正面
图片引自　南阳市文物研究所：
《河南省南阳县辛店
乡熊营画像石墓》，载
《中原文物》1996 年
第 3 期。

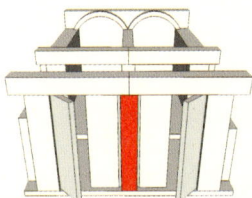

编号　HN-NY-036-09（1）
时代　东汉
组合关系　墓东门东门扉正面
图片引自　南阳市文物研究所：
《河南省南阳县辛店
乡熊营画像石墓》，载
《中原文物》1996 年
第 3 期。

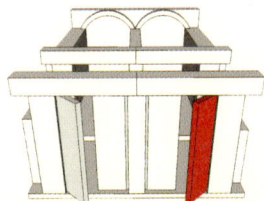

编号　HN-NY-036-08（1）
时代　东汉
组合关系　墓东门西门扉正面
图片引自　南阳市文物研究所：
《河南省南阳县辛店
乡熊营画像石墓》，载
《中原文物》1996 年
第 3 期。

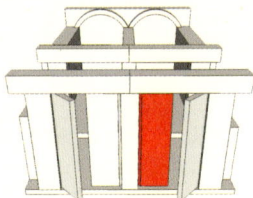

编号　HN-NY-036-15（2）
时代　东汉
组合关系　主室门中柱西侧面
图片引自　南阳市文物研究所：
《河南省南阳县辛店
乡熊营画像石墓》，载
《中原文物》1996 年
第 3 期。

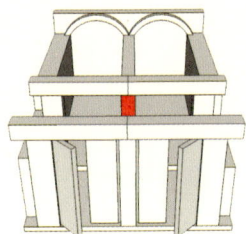

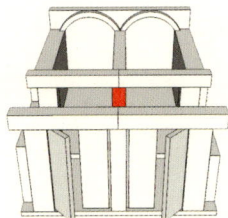

编号	HN-NY-036-15（3）
时代	东汉
组合关系	主室门中柱东侧面
图片引自	南阳市文物研究所：《河南省南阳县辛店乡熊营画像石墓》，载《中原文物》1996 年第 3 期。

编号	HN-NY-037-01
时代	东汉
原收藏号	不详
出土/征集地	南阳市辛店熊营汉墓
出土/征集时间	2001 年 9 月
原石尺寸	200×36×27
质地	石灰石
原石情况	原石为长方体，完整。
组合关系	墓门门楣石
画面简述	菱形连环纹。上、下两边有框。
著录与文献	
收藏单位	南阳汉画馆

编号	HN-NY-037-02
时代	东汉
原收藏号	不详
出土/征集地	南阳市辛店熊营汉墓
出土/征集时间	2001 年 9 月
原石尺寸	26×150×37
质地	石灰石
原石情况	原石为长方体，完整。
组合关系	墓门南立柱正面
画面简述	上为双环套连纹，下为菱形套连纹。三边有框。
著录与文献	
收藏单位	南阳汉画馆

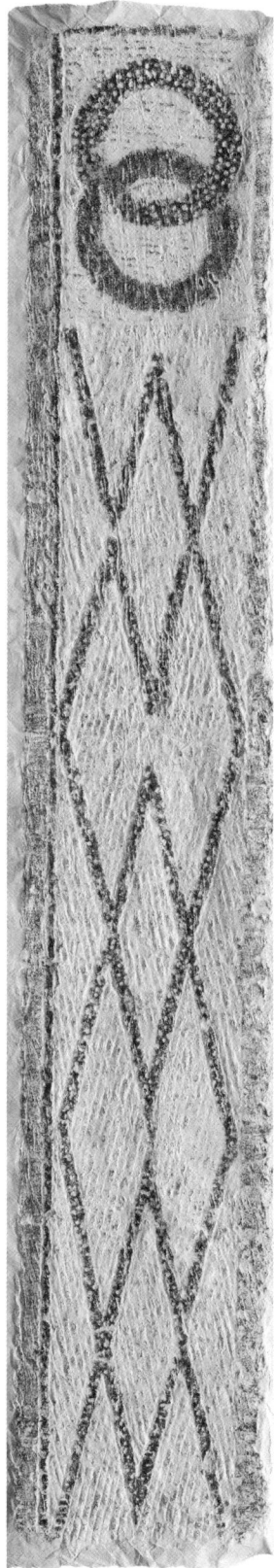

编号　HN-NY-037-03
时代　东汉
原收藏号　不详
出土/征集地　南阳市辛店熊营汉墓
出土/征集时间　2001 年 9 月
原石尺寸　25×152×22
质地　石灰石
原石情况　原石为长方体，完整。
组合关系　墓门北立柱正面
画面简述　上为双环套连纹，下为菱形套连纹。三边有框。
著录与文献
收藏单位　南阳汉画馆

编号	HN-NY-037-08
时代	东汉
原收藏号	不详
出土/征集地	南阳市辛店熊营汉墓
出土/征集时间	2001 年 9 月
原石尺寸	46×160×8
质地	石灰石
原石情况	原石为长方体，完整。
组合关系	墓南门南门扉正面
画面简述	上一朱雀，尾羽三枝上扬。中有铺首衔环，环从鼻穿过。下有一人躬身站立。
著录与文献	南阳市文物考古所：《河南南阳市辛店熊营汉画像石墓》，载《考古》2008 年第 2 期，41 页，图七。
收藏单位	南阳汉画馆

编号	HN-NY-037-09（1）
时代	东汉
原收藏号	不详
出土/征集地	南阳市辛店熊营汉墓
出土/征集时间	2001 年 9 月
原石尺寸	105×34×31
质地	石灰石
原石情况	原石为长方体，完整。
组合关系	主室过梁石
画面简述	菱形连环纹。上、下、右三边有框。
著录与文献	
收藏单位	南阳汉画馆

编号	HN-NY-037-09（2）
时代	东汉
原收藏号	不详
出土/征集地	南阳市辛店熊营汉墓
出土/征集时间	2001 年 9 月
原石尺寸	105×34×31
质地	石灰石
原石情况	原石为长方体，完整。
组合关系	主室过梁石
画面简述	菱形连环纹。
著录与文献	
收藏单位	南阳汉画馆

编号	HN-NY-037-09（3）
时代	东汉
原收藏号	不详
出土/征集地	南阳市辛店熊营汉墓
出土/征集时间	2001 年 9 月
原石尺寸	105×31×34
质地	石灰石
原石情况	原石为长方体，完整。
组合关系	主室过梁石
画面简述	十字穿环纹。四角各有一四分之一圆环。两边有框。
著录与文献	
收藏单位	南阳汉画馆

编号	HN-NY-037-10（1）
时代	东汉
原收藏号	不详
出土/征集地	南阳市熊营村
出土/征集时间	2001 年 9 月
原石尺寸	125×30×32
质地	石灰石
原石情况	原石为长方体，完整。
组合关系	主室过梁石
画面简述	菱形连环纹。两边有框。
著录与文献	
收藏单位	南阳汉画馆

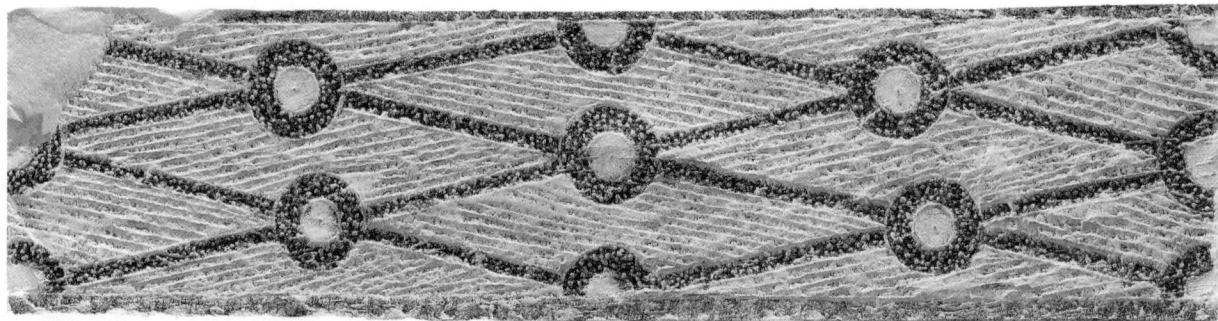

编号	HN-NY-037-10（2）
时代	东汉
原收藏号	不详
出土/征集地	南阳市熊营村
出土/征集时间	2001 年 9 月
原石尺寸	125×30×32
质地	石灰石
原石情况	原石为长方体，完整。
组合关系	主室过梁石
画面简述	菱形连环纹。两边有框。
著录与文献	
收藏单位	南阳汉画馆

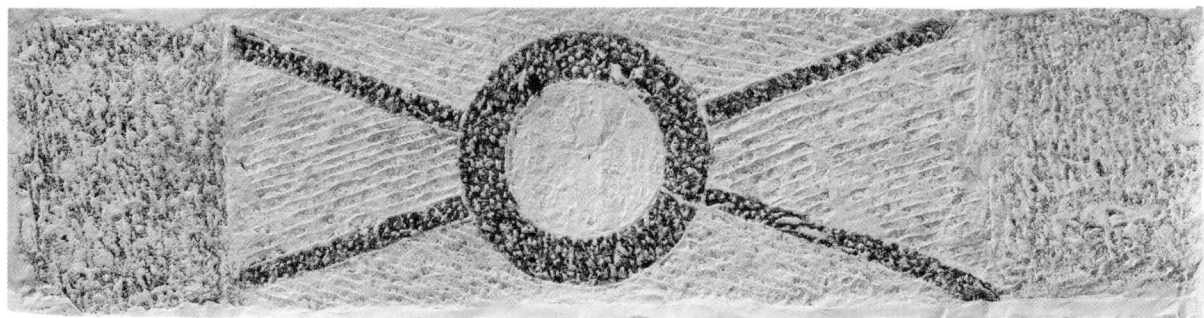

编号	HN-NY-037-10（3）
时代	东汉
原收藏号	不详
出土/征集地	南阳市熊营村
出土/征集时间	2001 年 9 月
原石尺寸	125×30×32
质地	石灰石
原石情况	原石为长方体，完整。
组合关系	主室过梁石
画面简述	连环纹。两边有框。
著录与文献	
收藏单位	南阳汉画馆

编号	HN-NY-037-11
时代	东汉
原收藏号	不详
出土/征集地	南阳市辛店熊营汉墓
出土/征集时间	2001 年 9 月
原石尺寸	165×36×25
质地	石灰石
原石情况	原石为长方体，完整。
组合关系	
画面简述	左一人，弓步伸手；中一虎；右一人，弓步伸手。上、下、左三边有框，上沿双边框，内填刻三角形纹。
著录与文献	
收藏单位	南阳汉画馆

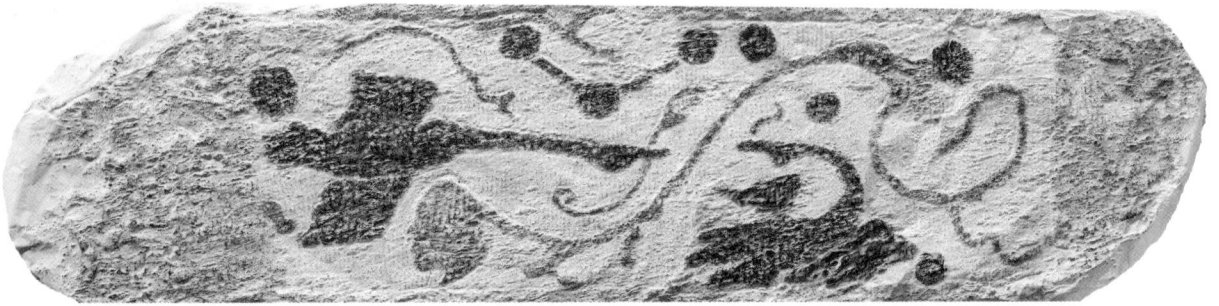

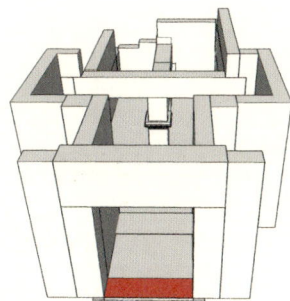

编号	HN-NY-038-02
时代	东汉
原收藏号	不详
出土/征集地	南阳市景庄汉墓
出土/征集时间	2000 年 12 月
原石尺寸	179×43×21
质地	石灰石
原石情况	原石为长方体，完整。
组合关系	墓门门槛石
画面简述	二鸟（雁？），一往前飞，另一回首。周围散布五颗星、三星连线及卷云纹。四周有框。
著录与文献	
收藏单位	南阳汉画馆

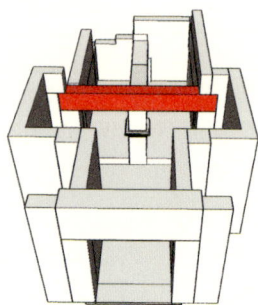

编号	HN-NY-038-03
时代	东汉
原收藏号	不详
出土/征集地	南阳市景庄汉墓
出土/征集时间	不详
原石尺寸	327×44×24
质地	石灰石
原石情况	原石为长方体，完整，画面风化严重。

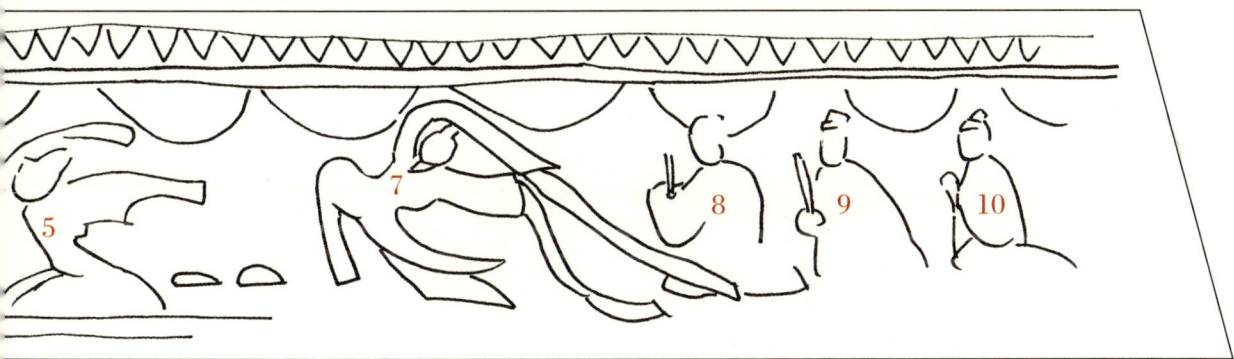

组合关系	主室门门楣石
画面简述	画面从左至右为：1. 一人站立，似手执便面；2. 一尊者（？），跽坐，身前有承旋；3. 一人一手执鼓桴击鼙鼓；4、5. 两人跽坐，挥长袖击建鼓；6. 建鼓，兽形鼓座；7. 一艺人挥长袖跳盘鼓舞，身前有两盘（鼓）；8、9. 两人跽坐，手执笏；10. 一人跽坐，动作不明。画面上部刻垂幔纹。四周有框，上沿双边框内填刻三角形纹。
著录与文献	南阳市文物考古研究所：《河南南阳景庄东汉画像石墓》，载《文物》2012 年第 4 期，67 页，图九。
收藏单位	南阳汉画馆

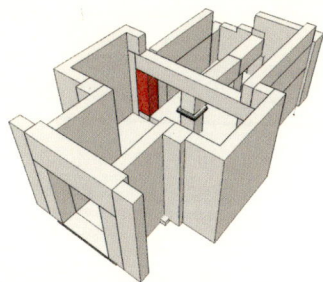

编号	HN-NY-038-04（1）
时代	东汉
原收藏号	不详
出土/征集地	南阳市景庄汉墓
出土/征集时间	不详
原石尺寸	33×128×25
质地	石灰石
原石情况	原石为长方体，石一侧有残缺。
组合关系	主室门西立柱正面
画面简述	人物，戴平巾帻，着交领大袖袍，腰系带，袍下可见小腿，似穿靴。持彗，手部残。四周有框。
著录与文献	南阳市文物考古研究所：《河南南阳景庄东汉画像石墓》，载《文物》2012年第4期，68页，图一二。
收藏单位	南阳汉画馆

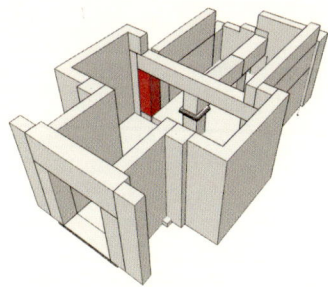

编号	HN-NY-038-04（2）
时代	东汉
原收藏号	不详
出土/征集地	南阳市景庄汉墓
出土/征集时间	不详
原石尺寸	33×128×25
质地	石灰石
原石情况	原石为长方体，石一侧有残缺。
组合关系	主室门西立柱东侧面
画面简述	人物，戴武弁，着交领大袖袍，袖口施缘，腰系带，袍下露袴，执笏。上有一熊，蹲坐，一前爪扬起，可见乳、脐。左、右、下三边可见框，上沿残。
著录与文献	南阳市文物考古研究所：《河南南阳景庄东汉画像石墓》，载《文物》2012年第4期，68页，图一三。
收藏单位	南阳汉画馆

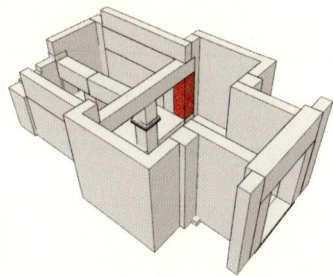

编号	HN-NY-038-05（1）
时代	东汉
原收藏号	不详
出土/征集地	南阳市景庄汉墓
出土/征集时间	不详
原石尺寸	34×128×26
质地	石灰石
原石情况	原石为长方体，石一侧有残缺。
组合关系	主室门东立柱正面
画面简述	人物，戴平巾帻，着交领大袖长襦、袴、履，双手持棨戟站立。四周有框。
著录与文献	南阳市文物考古研究所：《河南南阳景庄东汉画像石墓》，载《文物》2012年第4期，68页，图一五。
收藏单位	南阳汉画馆

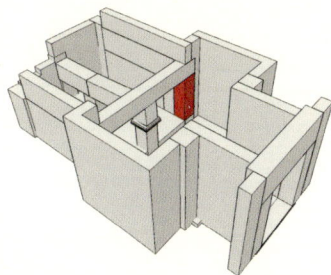

编号	HN-NY-038-05（2）
时代	东汉
原收藏号	不详
出土/征集地	南阳市景庄汉墓
出土/征集时间	不详
原石尺寸	34×128×26
质地	石灰石
原石情况	原石为长方体，上端有残损。
组合关系	主室门东立柱西侧面
画面简述	上一熊。下一人物，戴武弁，着交领大袖袍，袖口施缘，腰系带，袍下露袴，双手执笏站立。左、右两边可见框。
著录与文献	南阳市文物考古研究所：《河南南阳景庄东汉画像石墓》，载《文物》2012年第4期，68页，图一四。
收藏单位	南阳汉画馆

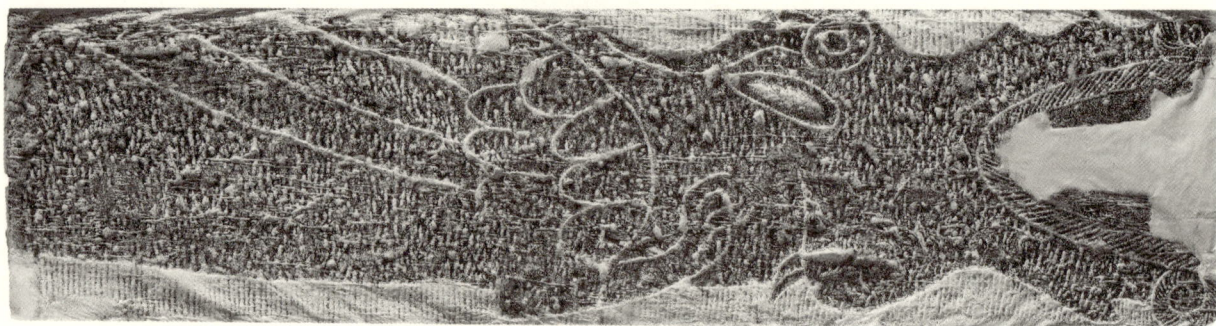

编号	HN-NY-038-06（1）
时代	东汉
原收藏号	不详
出土/征集地	南阳市景庄汉墓
出土/征集时间	不详
原石尺寸	150×40×33
质地	石灰石
原石情况	原石为长方体，完整。
组合关系	主室过梁南段西侧面
画面简述	应龙。
著录与文献	
收藏单位	南阳汉画馆

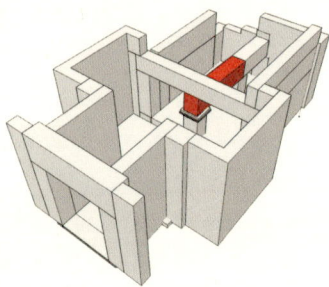

编号	HN-NY-038-06（2）
时代	东汉
原收藏号	不详
出土/征集地	南阳市景庄汉墓
出土/征集时间	不详
原石尺寸	150×40×33
质地	石灰石
原石情况	原石为长方体，完整。
组合关系	主室过梁南段东侧面
画面简述	应龙。
著录与文献	
收藏单位	南阳汉画馆

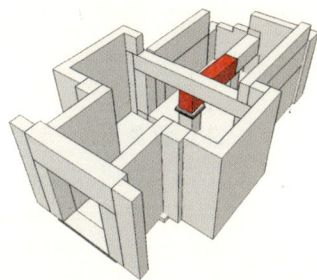

编号	HN-NY-038-07（1）
时代	东汉
原收藏号	不详
出土/征集地	南阳市景庄汉墓
出土/征集时间	不详
原石尺寸	147×40×34
质地	石灰石
原石情况	原石为长方体，完整。
组合关系	主室过梁北段西侧面
画面简述	画面残余一兽后半，尾部卷曲。左侧刻云气纹。三边有框。
著录与文献	
收藏单位	南阳汉画馆

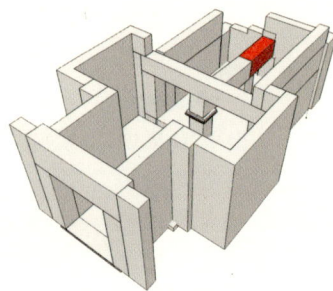

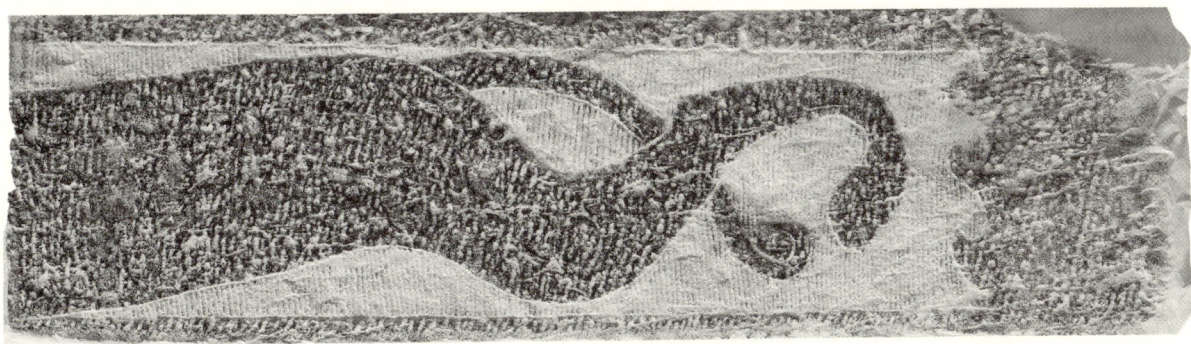

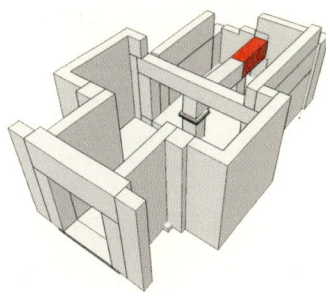

编号	HN-NY-038-07（2）
时代	东汉
原收藏号	不详
出土/征集地	南阳市景庄汉墓
出土/征集时间	不详
原石尺寸	147×40×34
质地	石灰石
原石情况	原石为长方体，完整。
组合关系	主室过梁北段东侧面
画面简述	画面残余一兽后半，尾部卷曲。右侧刻云气纹。三边有框。
著录与文献	
收藏单位	南阳汉画馆

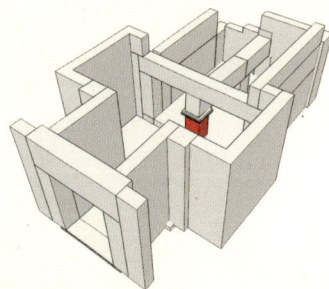

编号	HN-NY-038-08（1）
时代	东汉
原收藏号	不详
出土/征集地	南阳市景庄汉墓
出土/征集时间	不详
原石尺寸	33×70×33
质地	石灰石
原石情况	原石为长方体，四周有残缺。
组合关系	主室门中立柱正面
画面简述	人物，戴武弁，着大袖袍，捧盾。下身残。左、右、上三边有框。
著录与文献	南阳市文物考古研究所：《河南南阳景庄东汉画像石墓》，载《文物》2012 年第 4 期，68 页，图一六。
收藏单位	南阳汉画馆

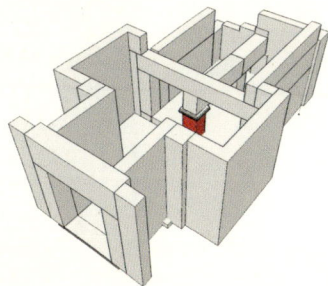

编号	HN-NY-038-08（2）
时代	东汉
原收藏号	不详
出土/征集地	南阳市景庄汉墓
出土/征集时间	不详
原石尺寸	33×70×33
质地	石灰石
原石情况	原石为长方体，四周有残缺。
组合关系	主室门中立柱西侧面
画面简述	人物，戴武弁着交领袍，执笏，似跪拜。左下角及右上角残。左、右两边可见框。
著录与文献	南阳市文物考古研究所：《河南南阳景庄东汉画像石墓》，载《文物》2012年第4期，68页，图一七。
收藏单位	南阳汉画馆

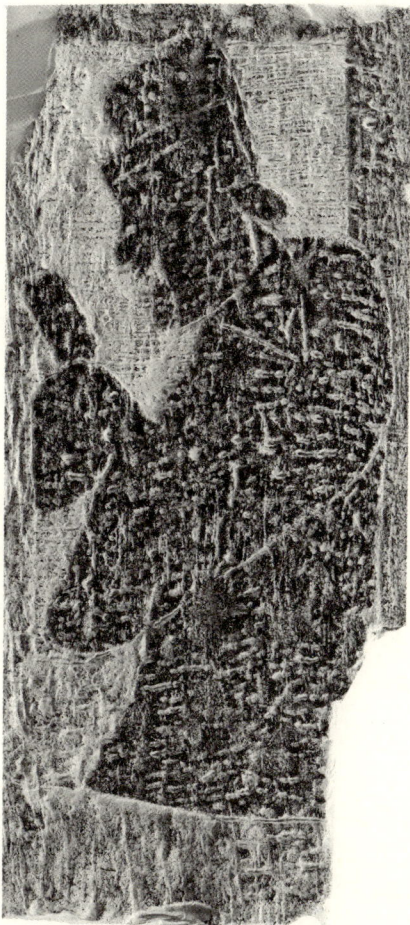

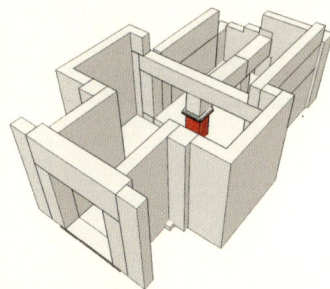

编号	HN-NY-038-08（3）
时代	东汉
原收藏号	不详
出土/征集地	南阳市景庄汉墓
出土/征集时间	不详
原石尺寸	33×70×33
质地	石灰石
原石情况	原石为长方体，四周有残缺。
组合关系	主室门中立柱东侧面。
画面简述	人物，戴武弁，着交领袍，执笏。四周有框。
著录与文献	南阳市文物考古研究所：《河南南阳景庄东汉画像石墓》，载《文物》2012 年第 4 期，68 页，图一八。
收藏单位	南阳汉画馆

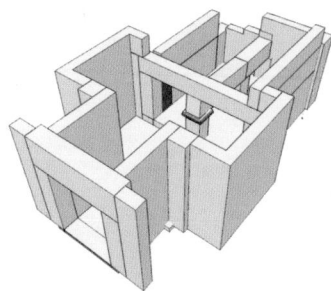

编号	HN-NY-038-09	
时代	东汉	
原收藏号	不详	
出土/征集地	南阳市景庄汉墓	
出土/征集时间	不详	
原石尺寸	32×128×27	
质地	石灰石	
原石情况	原石为长方体，四周稍有残缺。	
组合关系	主室西过梁南立柱东侧面	
画面简述	上为十字穿环。下为半人半龙神，头部残缺，双手托日（？）轮，有不规则边饰。四周有框。	
著录与文献	南阳市文物考古研究所：《河南南阳景庄东汉画像石墓》，载《文物》2012 年第 4 期，69 页，图二〇。	
收藏单位	南阳汉画馆	

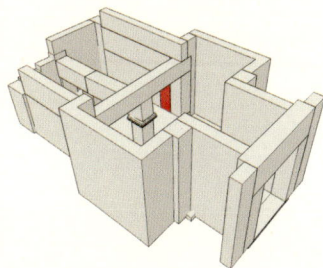

编号	HN-NY-038-10（1）
时代	东汉
原收藏号	不详
出土/征集地	南阳市景庄汉墓
出土/征集时间	不详
原石尺寸	34×132×27
质地	石灰石
原石情况	原石为长方体，四周有残缺。
组合关系	主室东过梁南立柱西侧面
画面简述	人物，戴武弁，着交领大袖袍，袍下露袴，捧盾。上有一十字穿环纹，与人物间以横线隔开。左、右、上三边可见框。
著录与文献	南阳市文物考古研究所：《河南南阳景庄东汉画像石墓》，载《文物》2012年第4期，69页，图二二。
收藏单位	南阳汉画馆

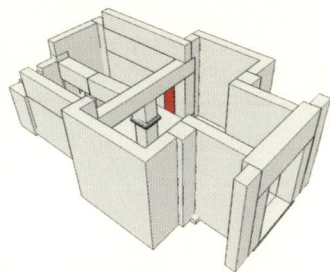

编　号	HN-NY-038-10（2）
时　代	东汉
原收藏号	不详
出土/征集地	南阳市景庄汉墓
出土/征集时间	不详
原石尺寸	34×132×27
质　地	石灰石
原石情况	原石为长方体，四周有残缺。
组合关系	主室东过梁南立柱北侧面
画面简述	人物，张口嗔目，双手上举。发式奇特，裸上身，下着短裤。上有一鸟，似有双耳，尖喙，直立。左、右、上三边有框。
著录与文献	南阳市文物考古研究所：《河南南阳景庄东汉画像石墓》，载《文物》2012年第4期，69页，图二一。
收藏单位	南阳汉画馆

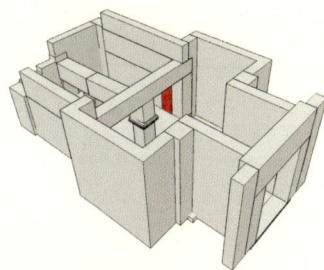

编号	HN-NY-038-10（3）
时代	东汉
原收藏号	不详
出土/征集地	南阳市景庄汉墓
出土/征集时间	不详
原石尺寸	31×128×25
质地	石灰石
原石情况	原石为长方体，四周有残缺。
组合关系	主室东过梁南立柱南侧面
画面简述	画面上部有十字穿环纹，下部一半人半龙神，手托一日轮（？）。周围有突起边饰，四周有框。
著录与文献	南阳市文物考古研究所：《河南南阳景庄东汉画像石墓》，载《文物》2012 年第 4 期，69 页，图一九。
收藏单位	南阳汉画馆

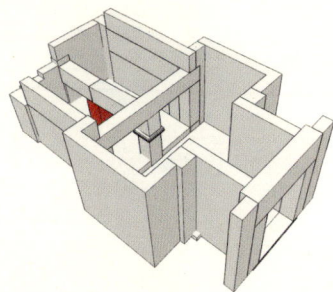

编号	HN-NY-038-11
时代	东汉
原收藏号	不详
出土/征集地	南阳市景庄汉墓
出土/征集时间	不详
原石尺寸	32×66×35
质地	石灰石
原石情况	原石为长方体，石上端有残缺。
组合关系	主室中过梁中立柱南侧面
画面简述	人物，戴帻，着交领大袖曳地袍。双手捧盾站立。左、右两边可见框。
著录与文献	南阳市文物考古研究所：《河南南阳景庄东汉画像石墓》，载《文物》2012年第4期，70页，图二三。
收藏单位	南阳汉画馆

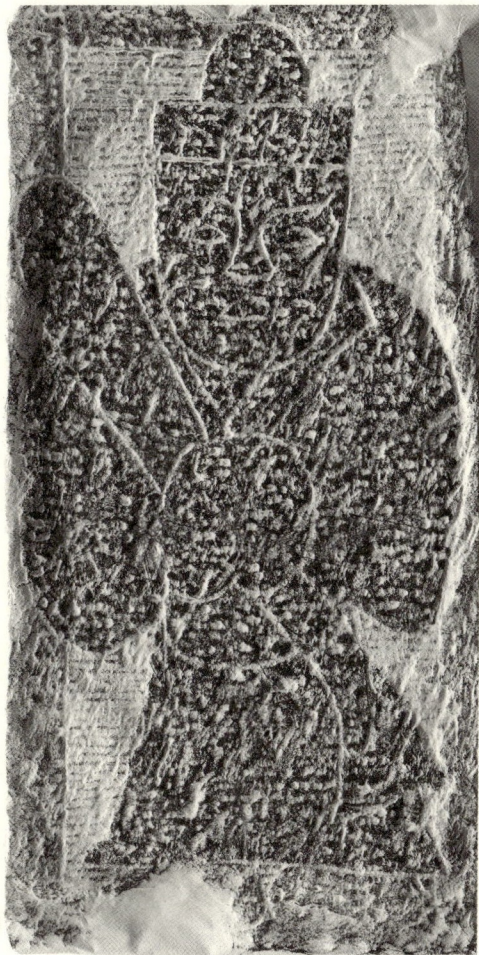

编　　号	HN-NY-038-12
时　　代	东汉
原收藏号	不详
出土/征集地	南阳市景庄汉墓
出土/征集时间	不详
原石尺寸	34×66×22
质　　地	石灰石
原石情况	原石为长方体，完整。
组合关系	主室中过梁北立柱南侧面
画面简述	人物，戴帻着交领大袖曳地袍，双手执棒（吾）跽坐（？）。四周有框。
著录与文献	南阳市文物考古研究所：《河南南阳景庄东汉画像石墓》，载《文物》2012 年第 4 期，70 页，图二四。
收藏单位	南阳汉画馆

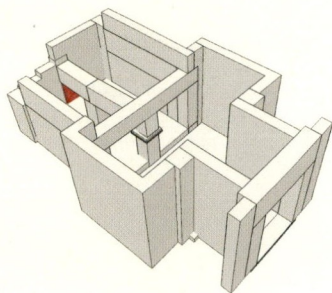